KB053322

TOP 30 Greatest Speeches of Joe Biden

영어발음, 청취력 강화 +
TOEIC, OPIc 리스닝 & 스피킹 완벽대비

조 바이든 명연설문 베스트 30

저 자 박기령
발행인 고본화
발 행 탑메이드북
교재 제작 · 공급처 반석출판사
2021년 3월 20일 초판 1쇄 인쇄
2021년 3월 25일 초판 1쇄 발행
홈페이지 www.bansok.co.kr
이메일 bansok@bansok.co.kr
블로그 blog.naver.com/bansokbooks

07547 서울시 강서구 양천로 583. B동 1007호
(서울시 강서구 염창동 240-21번지 우림블루나인 비즈니스센터 B동 1007호)
대표전화 02) 2093-3399 **팩 스** 02) 2093-3393
출 판 부 02) 2093-3395 **영업부** 02) 2093-3396
등록번호 제315-2008-000033호

ISBN 978-89-7172-935-9 (13740)

TOP 30 Greatest Speeches of Joe Biden

조 바이든 명연설문 베스트 ★ 30

탑메이드북

"**고**급영어"라고 하면 어려운 단어와 긴 문장을 떠올립니다. 하지만 고급영어를 구사한다는 표현의 진짜 의미는 깊이 있는 주제로 대화하는 것입니다. 세계를 휩쓸고 있는 팬데믹에 대해, 인류가 앞으로 나아갈 방향에 대해 이야기하는 것입니다. 정치 연설은 그러한 주제를 공부하기에 더할 나위 없는 좋은 교재입니다.

2021년, 조 바이든 대통령이 제46대 미국 대통령으로 취임했습니다. 이 책은 바이든의 대통령 당선 수락 연설을 기점으로, 대통령 당선인 시절의 정책 연설과 대통령으로 취임한 이후의 정책 연설을 담고 있습니다. 내용에 대한 여러분의 이해를 돕기 위해 연설 내용에 대한 보충설명을 '번역가주'로 달았습니다. 깊이 있는 고급영어를 구사하고자 한다면, 미국을 중심으로 전개되는 세계의 흐름을 이해하고자 한다면 이 책이 도움이 될 것입니다.

책을 공부하는 2가지 방법을 권해 드립니다. 첫째, 한꺼번에 많은 양을 보려고 욕심내지 마세요. 정치 연설은 미드처럼 가볍게 읽히지 않습니다. 한 줄, 한 줄에 의미가 담겨있기 때문에 하루에 한 꼭지씩 천천히 음미하며 공부하시길 권합니다. 둘째, 실제 연설 음성을 들으면서 공부하세요. 본문에 바이든 대통령의 음성이 실려있습니다. 음성을 들으면서 텍스트를 공부해야 화자가 어느 부분을 강조하는지, 어떤 감정을 담고 있는지 풍부하게 파악할 수 있습니다.

바이든 대통령은 어린 시절 말을 심하게 더듬어 친구들에게 '바-바-바이든', '말더듬이 조'라고 놀림을 받았다고 합니다. 거울 앞에서 긴 시를 암송하여 극복한 그의 노력

은 잘 알려져 있습니다. 전체적으로는 격식적 영어표현을 풍부하고 다양하게 사용하였고, 쉽고 간결한 영어로 메시지를 전달하고 있습니다.

전작인 『유명 인사들의 명연설문 듣고 말하기 베스트 30』이 출간되었을 때, 제 책에 나오는 연설을 일주일에 1편씩 외우는 제주도 영어 스터디 모임을 보고 감명받은 적이 있습니다. 그분들이 열정과 끈기로 30편을 모두 끝내기까지 마음속으로 응원했던 기억이 납니다. 이 책이 그분들을 비롯한 많은 분에게 또 다른 '영어공부 30일 프로젝트'를 시작할 원동력이 되기를 바랍니다.

2021년 봄, **박기령**

목차

미국의 제 46대 대통령 조 바이든의 명연설문 30개를 선정해 번역과 해설, 주요 어휘를 정리한 책입니다. mp3파일을 들으면서 영문을 함께 읽어 나가면 수준 높은 명문을 감상할 수 있을 뿐 아니라 영어 실력도 동시에 향상시킬 수 있습니다.

조 바이든
명연설문
베스트★30

SPEECH

01

Joe Biden's Inauguration Speech(1)

조 바이든 대통령 취임사(1)

2021년 1월 20일, 워싱턴 DC 연방의사당

민주주의의 승리

2021년 1월 20일, 조 바이든이 미국 46대 대통령으로 취임했다. 트럼프 대통령의 지지자들이 선거결과에 불복하여 의사당에 난입한 사건이 벌어졌던 만큼, 삼엄한 경계 속에서 취임식이 진행되었다. 바이든 대통령은 오늘 민주주의가 승리했다고 선언하며, 함께 단합하여 미국의 정신을 회복해나가자고 말하였다.

Chief Justice Roberts, Vice president Harris, Speaker Pelosi, Leader Schumer, Leader McConnell, Vice President Pence, and my distinguished guests, my fellow Americans. This is America's day. This is democracy's day. A day of history and hope, of renewal and resolve. Through a crucible for the ages, America has been tested anew and America has risen to the challenge.

Today we celebrate the triumph not of a candidate, but of a cause, the cause of democracy. The will of the people has been heard and the will of the people has been heeded. We've learned again that democracy is precious. Democracy is fragile. And at this hour, my friends, democracy has prevailed.

So now on this hallowed ground where just a few days ago violence sought to shake the Capitol's very foundation, we come together as one nation, under God, indivisible, to carry out the peaceful transfer of power as we have for more than two centuries. As we look ahead in our uniquely American way — restless, bold, optimistic — and set our sights on the nation we know we can be, and we must be.

renewal 새롭게 하기 | **resolve** 결의 | **crucible** 가혹한 시련 | **anew** 다시 | **celebrate** 축하하다 | **triumph** 승리 | **candidate** 후보자 | **cause** 대의 | **heed** 마음에 두다 | **fragile** 부서지기 쉬운 |

로버츠 대법원장, 해리스 부통령, 펠로시 의장, 슈머 대표, 매코넬 대표, 펜스 부통령, 귀빈 여러분과 친애하는 미국 국민 여러분. 오늘은 미국의 날입니다. 오늘은 민주주의의 날입니다. 역사와 희망의 날이자, 새롭게 결의하는 날입니다. 오랜 가혹한 시련 속에서 미국은 다시 시험대에 올랐고 도전에 직면하고 있습니다.

오늘 우리는 한 후보자의 승리가 아닌 민주주의라는 대의의 승리를 축하하기 위해 모였습니다. 민의가 들리고 받아들여진 것입니다. 우리는 다시 한 번 민주주의의 소중함을 깨달았습니다. 민주주의가 부서지기 쉽다는 것도 알게 되었습니다. 그리고 지금 이 순간, 민주주의는 승리했습니다.

불과 며칠 전, 폭력이 국회의사당의 근간을 뒤흔들려고 했던 이 신성한 땅에서, 우리는 하나님 아래 불가분의 하나의 국가로서, 두 세기 이상 지속되어 온 평화적 정권 이양을 수행하고자 합니다. 쉼 없이 움직이고, 대담하고, 낙관적인 미국만의 방식으로 앞을 내다보면서, 우리가 이룰 수 있고 이뤄야만 하는 이 나라의 모습에 목표를 두고자 합니다.

Check the Vocabulary

prevail 승리하다 | **hallowed** 신성한 | **indivisible** 나눌 수 없는, 불가분의

13

01-02

I thank my predecessors of both parties for their presence here today. I thank them from the bottom of my heart, and I know.. and I know the resilience of our constitution and the strength, the strength of our nation. As does President Carter, who I spoke to last night but who cannot be with us today, but whom we salute for his lifetime of service.

I've just taken a sacred oath each of those patriots have taken - the oath first sworn by George Washington. But the American story depends not in any one of us, not on some of us, but on all of us, on "We the People" who seek a more perfect union. This is a great nation. We are good people.

And over the centuries through storm and strife, in peace and in war, we've come so far. But we still have far to go. We'll press forward with speed and urgency for we have much to do in this winter of peril and significant possibilities. Much to repair, much to restore, much to heal, much to build and much to gain.

Check the Vocabulary
_____

predecessor 전임자 | **both parties** 양당 | **presence** 참석 | **resilience** 회복력 | **constitution** 헌법 | **sacred oath** 엄숙한 선서 | **patriot** 애국자 | **sworn** 선서하다(sworn은 swear의 과거분사형) |

오늘 양당의 전임 대통령들이 참석해주셨습니다. 대단히 감사드립니다. 저는 우리 헌법의 회복력과 이 나라의 강인함을 압니다. 평생을 봉사에 헌신한 존경하는 카터 전 대통령도 마찬가지입니다. 어제 밤 저와 통화했는데 오늘 참석하지 못하셨습니다.

저는 방금 조지 워싱턴을 시작으로 이 나라의 애국자들이 해온 엄숙한 선서를 했습니다. 하지만 미국의 이야기는 특정한 누군가에게 달려있지 않고, 어떤 집단에 달려 있지도 않습니다. 우리 모두에게 달려있습니다. 더 완벽한 연합을 추구하는 "우리 국민"에게 달려있습니다. 이 나라는 위대한 나라입니다. 우리는 선한 사람들입니다.

수 세기에 걸쳐 폭풍과 분쟁, 평화와 전쟁을 겪으면서 우리는 지금까지 왔습니다. 하지만 아직 갈 길이 멉니다. 위험과 커다란 가능성을 동시에 갖고 있는 이 겨울에 해야 할 일들이 많습니다. 우리는 빠르고 긴급하게 사안들을 밀고 나갈 것입니다. 고쳐야 할 것이 많습니다. 회복해야 할 것이 많습니다. 치유해야 할 것과 구축해야 할 것이 많습니다. 그런 다음, 많은 것을 얻게 될 것입니다.

Check the Vocabulary

more perfect union 더 완벽한 연합 | **strife** 분쟁 | **press forward** 밀고 나아가다 | **peril** 위험 |
significant 상당한 | **repair** 고치다 | **restore** 회복시키다 | **heal** 치유하다 | **gain** 얻다

Few people in our nation's history have been more challenged or found a time more challenging or difficult than the time we're in now. Once in a century virus that silently stalks the country, has taken as many lives in one year as America lost in all of World War II. Millions of jobs have been lost. Hundreds of thousands of businesses closed.

A cry for racial justice, some 400 years in the making, moves us. The dream of justice for all will be deferred no longer. A cry for survival comes from planet itself. A cry that can't be any more desperate or any more clear, and now arise a political extremism, white supremacy, domestic terrorism that we must confront and we will defeat.

To overcome these challenges — to restore the soul and secure the future of America — requires so much more than words. It requires the most elusive of all things in a democracy; unity, unity.

silently 조용히 | **stalk** 퍼지다 | **racial justice** 인종적 정의 | **defer** 미루다 | **survival** 생존 |
political extremism 정치적 극단주의 | **white supremacy** 백인 우월주의 | **confront** 맞서다 |

미국 역사상 지금보다 어려운 시기를 겪어본 사람이 거의 없었습니다. 한 세기에 한 번 올법한 바이러스가 소리 없이 전국에 퍼지면서, 2차 세계대전에서 미국이 희생당한 만큼의 생명들을 앗아갔습니다. 수백만 개의 일자리가 없어졌고, 수십만 개의 사업장이 문을 닫았습니다.

400년 동안 인종적 정의(justice)를 외쳐온 목소리가 우리를 변화시키고 있습니다. 모든 이에게 정의가 실현되는 꿈은 더 이상 미뤄지지 않을 것입니다. 우리의 땅이 생존을 외치고 있습니다. 이보다 더 필사적이고 이보다 더 명확할 수 없습니다. 우리는 또한 정치적 극단주의, 백인우월주의, 국내 테러리즘에 맞서야 합니다. 우리는 승리할 것입니다.

이러한 문제들을 극복하기 위해서는, 미국의 정신을 회복하고 미국의 미래를 안전하게 지키기 위해서는, 말보다 훨씬 많은 것이 필요합니다. 민주주의에서 가장 눈에 띄지 않는 것이 필요합니다. 바로 단합, 단합입니다.

Check the Vocabulary

defeat 이기다 | **overcome** 극복하다 | **restore** 회복하다 | **secure** 안전하게 하다 | **elusive** 눈에 띄지 않는 | **unity** 단합

01-04

And another January on New Year's Day in 1863, Abraham Lincoln signed the Emancipation Proclamation. When he put pen to paper, the president said and I quote, "If my name ever goes down into history, it will be for this act, and my whole soul is in it." My whole soul is in it. Today on this January day, my whole soul is in this. Bringing America together, uniting our people, uniting our nation, and I ask every American to join me in this cause.

Uniting to fight the foes we face: anger, resentment and hatred, extremism, lawlessness, violence, disease, joblessness, and hopelessness. With unity we can do great things, important things. We can right wrongs. We can put people to work in good jobs. We can teach our children in safe schools. We can overcome the deadly virus. We can reward work and rebuild the middle class and make healthcare secure for all. We can deliver racial justice and we can make America once again, the leading force for good in the world.

Check the Vocabulary

the Emancipation Proclamation 노예해방선언 | quote 인용하다 | act 법률 | cause 대의명분 | foe 적 | resentment 원한 | hatred 혐오 | extremism 극단주의 lawlessness 무법 | disease

1863년 새해 1일, 에이브러햄 링컨은 노예해방선언에 서명했습니다. 펜을 들면서 그는 이렇게 말했습니다. "내 이름이 역사에 기록된다면 이 법률 때문일 것이다. 내 영혼이 이 안에 담겨있다." "내 영혼이 이 안에 담겨있다." 오늘 1월의 날, 제 영혼이 여기에 있습니다. 미국을 하나로 모으고, 국민을 단합하고, 국가를 단합하는 것에 있습니다. 국민 모두가 이 대의에 동참해 주시기를 부탁드립니다.

분노, 원한과 혐오, 극단주의, 무법, 폭력, 질병, 실업, 그리고 절망. 이러한 적들과 싸우기 위해 우리는 힘을 합쳐야 합니다. 함께일 때 위대하고 중요한 일을 해낼 수 있습니다. 함께일 때 잘못을 바로잡을 수 있습니다. 사람들을 좋은 직장에서 일하게 할 수 있고, 아이들을 안전한 학교에서 가르칠 수 있습니다. 이 치명적인 바이러스를 극복할 수 있습니다. 노동을 보상하고 중산층을 재건하고 모두를 위한 안전한 의료 서비스를 만들 수 있습니다. 또한, 인종적 정의를 실현하면서 다시 한번 세계의 선을 주도하는 미국을 만들 수 있습니다.

SPEECH

02

Joe Biden's Inauguration Speech(2)

조 바이든 대통령 취임사(2)

2021년 1월 20일, 워싱턴 DC 연방의사당

미국을 이끌어 온 것

단합이 어리석은 공상이 아니라고 말하는 장이다. 바이든 대통령은 힘을 합쳐 어려움
을 극복해온 미국의 역사를 열거하였다. 그러면서, 미국이 현재의 어려움을 극복하는
방법 또한 단합에 있음을 강조하고 있다.

02-01

I know speaking of unity can sound to some like a foolish fantasy these days. I know the forces that divide us are deep and they are real. But I also know they are not new. Our history has been a constant struggle between the American ideal, that we all are created equal, and the harsh ugly reality that racism, nativism, fear, demonization have long torn us apart. The battle is perennial and victory is never assured.

Through Civil War, the Great Depression, World War, 9/11, through struggle, sacrifice and setbacks our better angels have always prevailed. In each of these moments, enough of us, enough of us have come together to carry all of us forward, and we can do that now.

History, faith, and reason show the way, the way of unity. We can see each other, not as adversaries, but as neighbors. We can treat each other with dignity and respect. We can join forces, stop the shouting and lower the temperature, for without unity there is no peace, only bitterness and fury. No progress, only exhausting outrage. No nation, only a state of chaos.

단합을 외치는 것이 요즘 같은 때에 어리석은 공상으로 들릴 수 있다는 것을 압니다. 저도 우리를 분열시키는 깊고 실질적인 힘을 알고 있습니다. 하지만 제가 또 아는 사실은, 그 힘이 새로운 것이 아니라는 사실입니다. 우리의 역사는 우리 모두가 평등하다는 미국의 이상과, 오랫동안 우리를 갈라놓은 인종차별, 토착주의, 공포, 상대를 악마화하는 것 사이의 끊임없는 투쟁이었기 때문입니다. 전투는 계속해서 일어나며, 누구도 그 승리를 장담할 수 없습니다.

남북전쟁, 대공황, 세계대전, 9/11을 겪는 동안, 그렇게 투쟁과 희생과 좌절을 겪는 동안, 이 나라의 선한 본능이 항상 승리해 왔습니다. 매 순간 우리 모두가 함께 앞으로 나아가기 위해 모였습니다. 이번에도 그렇게 할 수 있습니다.

역사와 믿음, 그리고 이성이 단합의 길을 보여줄 것입니다. 우리는 서로를 적이 아닌 이웃으로 볼 수 있습니다. 서로를 귀하게 여기고 존중할 수 있습니다. 흥분을 가라앉히고 고함을 그치면서 힘을 합칠 수 있습니다. 단합하지 않으면 평화는 없습니다. 신랄한 비난과 분노만 있을 뿐입니다. 아무런 진전도 없이 격노로 지쳐갈 뿐입니다. 국가는 없고 혼란의 상태만 존재하게 될 뿐입니다.

This is our historic moment of crisis and challenge, and unity is the path forward. And we must meet this moment as the United States of America. If we do that, I guarantee you, we will not fail. We have never, ever, ever, ever failed in America when we've acted together.

And so today, at this time in this place, let's start afresh all of us. Let's begin to listen to one another again, hear one another, see one another, show respect to one another. Politics doesn't have to be a raging fire, destroying everything in its path. Every disagreement don't have to be a cause for total war. And we must reject the culture in which facts themselves are manipulated and even manufactured.

My fellow Americans, we have to be different than this. America has to be better than this, and I believe America is so much better than this. Just look around. Here we stand in the shadow of the Capitol Dome as it was mentioned earlier, completed amid the Civil War when the Union itself was literally hanging in the balance. Yet we endured, we prevailed.

Check the Vocabulary

crisis 위기 | **guarantee** ..을 확실히 하다 | **start afresh** 다시 시작하다 | **listen** 귀기울여 듣다 | **respect** 존중 | **raging fire** 맹렬한 불 | **disagreement** 의견의 불일치 | **manipulate** 조작하다 |

지금 우리는 위기와 도전의 역사적 순간을 맞고 있습니다. 단합만이 우리를 앞으로 나아가게 할 것입니다. 하나 된 미국으로 이 난관을 헤쳐나가야 합니다. 확신을 가지고 말씀드리건대, 우리는 실패하지 않을 것입니다. 우리가 힘을 합쳐 행동했을 때 실패한 적이, 미국 역사상 한 번도 없습니다.

오늘 이 시간, 이곳에서, 다시 시작합니다. 서로에게 귀 기울이고 서로를 바라보고 서로를 존중합시다. 정치가 모든 것들을 파괴하는 맹렬한 불이 될 필요가 없습니다. (번역가주- 트럼프 전 대통령 지지자들의 의사당 난입사태를 의미함) 의견이 일치하지 않는다고 전쟁을 벌일 필요가 없습니다. 우리는 사실을 조작하고 심지어 지어내는 문화를 거부해야만 합니다.

국민 여러분, 우리는 이것과 달라야 합니다. 더 나은 모습이어야 합니다. 저는 미국이 이것보다 훨씬 더 낫다고 믿습니다. 주위를 둘러보세요. 지금 우리는 남북전쟁 중에 완공된 국회의사당 돔의 그늘에 서 있습니다. 당시 연방 자체는 말 그대로 불안정한 상태였지만, 우리는 견뎌냈고 승리했습니다.

manufacture 지어내다 | **Capitol Dome** 국회의사당 돔 | **amid** ..하는 중에 | **literally** 글자 그대로 | **hang in the balance** 불안정한 상태에 있다

Here we stand looking out on the great mall where Dr. King spoke of his dream. Here we stand where 108 years ago at another inaugural, thousands of protesters tried to block brave women marching for the right to vote. And today we mark the swearing-in of the first woman in American history, elected to national office, Vice President Kamala Harris. Don't tell me things can't change.

Here we stand across the Potomac from Arlington Cemetery, where heroes who gave the last full measure of devotion rest in eternal peace. And here we stand just days after a riotous mob thought they could use violence to silence the will of the people, to stop the work of our democracy, to drive us from this sacred ground. It did not happen. It will never happen. Not today, not tomorrow, not ever, not ever.

Check the Vocabulary

inaugural 취임식 | **protester** 시위자 | **block** 막다 | **mark** 축하하다 | **swearing-in** 취임선서 |
the last full measure of devotion 최후의 모든 헌신 | **eternal** 영원한 | **riotous** 폭동을 일으키

지금 우리는, 마틴 루터킹 목사가 자신의 꿈을 외쳤던 내셔널몰을 바라보며 서있습니다. 이곳은 108년 전 또 다른 취임식에서, 수천 명의 시위자들이 투표권을 위해 행진하는 용감한 여성들을 막으려 했던 곳입니다. 그리고 오늘 우리는, 미국 역사상 최초의 여성 부통령인 카멀라 해리스의 취임선서를 축하하고 있습니다. 변할 수 없다고 말하지 마세요.

지금 우리는, 포토맥강을 사이에 두고 알링턴 국립묘지 맞은편에 서 있습니다. 최후의 모든 헌신을 바친 영웅들이 영원한 평화 속에 안식하고 있는 곳입니다. 바로 며칠 전, 폭도들이 이곳에서 폭동을 일으켜 국민의 뜻을 침묵시키고, 민주주의를 중단시키고, 우리를 이 신성한 땅에서 몰아내려고 했습니다. 하지만 그들 뜻대로 되지 않았습니다. 앞으로 다시는 그런 일이 일어나지 않을 것입니다. 오늘도, 내일도, 영원히 일어나지 않을 것입니다.

Check the Vocabulary

는 | **mob** 폭도 | **sacred ground** 신성한 땅

02-04

For all of those who supported our campaign, I'm humbled by the faith you've placed in us. To all those who did not support us, let me say this. Hear me out as we move forward. Take a measure of me and my heart. If you still disagree, so be it. That's democracy. That's America. The right to dissent peaceably within the guard rails of our Republic is perhaps this nation's greatest strength.

Yet hear me clearly, disagreement must not lead to disunion. And I pledge this to you, I will be a president for all Americans, all Americans. And I promise you, I will fight as hard for those who did not support me, as for those who did.

Check the Vocabulary

support 지지하다 | **hear out** ..의 이야기를 끝까지 들어주다 | **move forward** 앞으로 나아가다 | **take a measure of** ..을 가늠하다 | **dissent** 의견에 반대하다 | **guard rail** 경계 | **Republic** 공화

우리를 지지해주신 모든 분들께 말씀드리고 싶습니다. 여러분이 우리에게 보내주신 믿음을 겸허히 받아들입니다. 우리를 지지해주지 않으신 모든 분들께 말씀드리고 싶습니다. 우리가 앞으로 나아갈 때 제 말을 끝까지 들어주세요. 제 진심을 생각해주세요. 그래도 제 생각에 동의할 수 없다면 그렇게 하세요. 그것이 민주주의니까요. 그것이 미국이니까요. 여러분이 우리 민주 공화국의 경계 안에서 평화적으로 반대할 수 있는 권리를 갖는 것이 이 나라의 가장 큰 힘일 것입니다.

그래도 제 말이 분명하게 무엇을 의미하는지 들어주세요. 의견이 다르다고 해서 그것이 분열로 이어져서는 안 됩니다. 여러분 앞에 맹세합니다. 저는 모든 국민의 대통령이 될 것입니다. 여러분께 약속드립니다. 저를 지지한 사람들과 지지하지 않은 사람들 모두를 위해 열심히 싸울 것입니다.

Check the Vocabulary

국 | **disunion** 분열 | **pledge** 맹세하다

SPEECH

03

Joe Biden's Inauguration Speech(3)

조 바이든 대통령 취임사(3)

2021년 1월 20일, 워싱턴 DC 연방의사당

다시 하나가 되어

미래에 대한 공포 때문에 상대를 불신해서는 안된다고 말하는 장이다. 바이든 대통령은 미국이 더불어 살아갈 때 미래에 더 잘 대응하게 될 것이라고 말하였다. 어두운 겨울을 버티어낼 온 힘을 모아야한다고 덧붙이고 있다.

Many centuries ago, Saint Augustine, a Saint in my church wrote that a people was a multitude defined by the common objects of their love, defined by the common objects of their love. What are the common objects we as Americans love that define us as Americans? I think we know: opportunity, security, liberty, dignity, respect, honor and yes, the truth.

Recent weeks and months, I've taught us a painful lesson. There is truth, and there are lies. Lies told for power and for profit, and each of us has a duty and a responsibility as citizens, as Americans, and especially as leaders — leaders who have pledged to honor our Constitution and protect our nation — to defend the truth and defeat the lies.

수 세기 전, 성 아우구스티누스는 사람이 사랑이라는 공동의 목표에 의해 정의되는 군중이라고 정의했습니다. 사랑이라는 공동의 목표에 의해 정의되는 집단 말입니다. 우리를 미국인으로 정의하는 공통된 사랑의 대상은 무엇일까요? 이미 알고 계시죠. 기회, 안전, 자유, 존엄, 존경, 명예 그리고 진실입니다.

최근의 몇 주와 몇 달 동안 뼈아픈 교훈을 얻었습니다. 진실이 있으면, 거짓도 있다는 것입니다. 권력과 이익을 위해 거짓말이 행해졌습니다.(번역가주-트럼프 전 대통령의 부정 선거 주장과 지지자들의 의사당 난입사태를 의미함) 그리고 우리 각자는 시민으로서, 미국인으로서, 헌법을 존중하고 이 나라를 보호하겠다고 맹세한 지도자로서, 진실을 수호하고 거짓을 물리칠 의무와 책임을 지니고 있습니다.

I understand that many of my fellow Americans view the future with fear and trepidation. I understand they worry about their jobs. I understand like my dad, they lay in bed at night, staring at the ceiling wondering, "Can I keep my healthcare? Can I pay my mortgage?" Thinking about their families, about what comes next. I promise you I get it.

But the answer is not to turn inward, to retreat into competing factions, distrusting those who don't look like you or worship the way you do, or don't get their news from the same sources you do.

We must end this uncivil war that pits red against blue, rural versus urban, conservative versus liberal. We can do this, if we open our souls, instead of hardening our hearts. If we show a little tolerance and humility, and if we're willing to stand in the other person's shoes, as my mom would say, just for a moment, stand in their shoes.

Check the Vocabulary

trepidation 공포 | **mortgage** 담보 대출금 | **retreat** 후퇴하다 | **faction** 당파 | **pit against** ..에 대항하게 하다 | **harden one's heart** 마음을 완고히 하다 | **tolerance** 관용 | **humility** 겸손 |

많은 국민들이 미래에 대해 두려움과 공포를 가지는 것을 이해합니다. 일자리를 잃을까 걱정하는 것을 이해합니다. 제 아버지가 그러셨던 것처럼, 밤에 침대에 누워 천장을 물끄러미 바라보면서 스스로 물으실 겁니다. "의료보험을 계속 낼 수 있을까? 대출금을 갚을 수 있을까?" 가족을 잘 돌볼 수 있을지, 어떤 일들이 닥칠지 말입니다. 여러분이 무엇을 염려하는지 충분히 알고 있습니다.

하지만 그 해결책이 내가 속한 집단만 바라보고 당파 간 경쟁으로 후퇴하는 것이어서는 안 됩니다. 나와 다르게 보이거나, 내 방식대로 숭배하지 않거나, 또는, 나와 다른 채널에서 뉴스를 얻는다고 해서 상대를 불신하면 안 됩니다.

민주당과 공화당, 시골과 도시, 보수와 진보끼리 서로 대항하는 이 전쟁은 반드시 끝나야 합니다. 우리가 완고한 마음을 품는 대신 마음의 문을 열면 가능한 일입니다. 조금의 관용과 겸손함을 보인다면, 또한, 다른 사람의 입장을 헤아려본다면, 가능한 일입니다. 저희 어머니가 말씀하셨습니다. 잠시라도 그들의 입장을 헤아려보라고요.

Because here's the thing about life. There's no accounting for what fate will deal you. Some days when you need a hand, there are other days when we're called to lend a hand. That's how it has to be, it's what we do for one another. And if we are this way, our country will be stronger, more prosperous, more ready for the future, and we can still disagree.

My fellow Americans in the work ahead of us we're going to need each other. We need all our strength to persevere through this dark winter. We're entering what may be the toughest and deadliest period of the virus. We must set aside politics and finally face this pandemic as one nation, one nation. And I promise you this, as the Bible says, "Weeping may endure for a night, but joy cometh in the morning." We will get through this together, together.

Check the Vocabulary

account for 설명하다 | **fate** 운명 | **need a hand** 도움이 필요하다 | **lend a hand** 도움을 베풀다 | **prosperous** 번영하는 | **persevere** 버티어내다 | **deadliest** 가장 치명적인(deadly의 최상급) |

인생이 그런 것입니다. 어떤 운명이 닥칠지 아무도 말해주지 않습니다. 도움이 필요한 날이 있는가 하면 도움을 베풀어야 할 날도 있습니다. 삶이 그런 것이고, 그것이 우리가 더불어 사는 모습입니다. 우리가 더불어 살아갈 때, 이 나라는 더 강해질 것이고 번영할 것이고 미래에 더 잘 대응하게 될 것입니다. 여전히 의견이 다르더라도 말입니다.

국민 여러분, 우리 앞에 놓인 일을 해내기 위해 우리는 서로가 필요해질 것입니다. 이 어두운 겨울을 버티어내려면 온 힘을 모아야 합니다. 바이러스 사태에서 가장 힘들고 치명적일 수 있는 시기에 접어들고 있습니다. 정쟁을 제쳐놓고 하나가 되어 이 위기를 극복해야 합니다. 하나의 국가가 되어야 합니다. '저녁에는 울음이 깃들일지라도 아침에는 기쁨이 오리로다(시 30:5)'는 성경 구절이 있습니다. 우리는 함께 이 어려움에서 벗어날 것입니다. 모두 함께 말입니다.

Look, folks, all my colleagues I serve with in the House and the Senate up here, we all understand the world is watching, watching all of us today. So here's my message to those beyond our borders: America has been tested and we've come out stronger for it. We will repair our alliances and engage with the world once again, not to meet yesterday's challenges, but today's and tomorrow's challenges. And we'll lead not merely by the example of our power, but by the power of our example. We will be a strong and trusted partner for peace, progress, and security.

Look, you all know we've been through so much in this nation. And my first act as president, I'd like to ask you to join me in a moment of silent prayer to remember all those who we lost this past year to the pandemic, those 400,000 fellow Americans: moms, dads, husbands, wives, sons, daughters, friends, neighbors, and coworkers. We'll honor them by becoming the people and the nation we know we can and should be. So I ask you, let's say a silent prayer for those who've lost their lives and those left behind and for our country.

Check the Vocabulary

colleague 동료 | **the House** 하원 | **the Senate** 상원 | **beyond borders** 경계 너머, 전 세계에 | **repair** 회복하다 | **alliance** 동맹 | **merely** 단순히 | **example** 본보기 | **through** 겪다 | **silent**

여러분, 여기 상하원에서 함께 일하는 제 동료들이 있습니다. 우리 모두, 세계가 미국을 지켜보고 있음을 알고 있습니다. 전 세계에 말씀드립니다. 미국은 시험대에 올랐고 우리는 더 강해졌습니다. 우리는 동맹 관계를 회복하고 다시 한번 세계와 협력할 것입니다. 과거의 문제가 아닌 오늘과 내일의 문제를 극복하기 위해서 말입니다. 미국은 단순히 힘이 아닌, 모범을 보임으로써 세계를 이끌 것입니다. 평화와 진보와 안보에 있어서 신뢰할 수 있는 강한 파트너가 될 것입니다.

그동안 이 나라는 너무나 큰 일을 겪어왔습니다. 지난 한 해 동안 팬데믹으로 누군가의 어머니, 아버지, 남편, 아내, 아들, 딸, 친구, 이웃, 그리고 직장 동료였던 40만 명의 국민이 희생되었습니다. 그들을 기억하기 위한 묵념의 순간에 함께 해 주시기를 대통령으로서 처음으로 부탁드립니다. 위대한 국민과 위대한 나라가 되어 그들을 기릴 것입니다. 희생된 분들과 유족들, 그리고 이 나라를 위해 묵념합시다.

(묵념)

SPEECH
04

Joe Biden's Inauguration Speech(4)

조 바이든 대통령 취임사(4)

2021년 1월 20일, 워싱턴 DC 연방의사당

미국의 이야기

미국의 위대한 이야기를 함께 펼쳐나가자고 말하는 장이다. 바이든 대통령은 훗날 우리의 손자 손녀들이 "그들은 의무를 다했어. 이 무너진 땅을 치유했어"라고 회상할수 있도록, 우리의 일과 기도를 더해 미국의 이야기를 펼쳐나가자고 언급하고 있다.

Amen. Folks, this is a time of testing. We face an attack on our democracy and untruth. A raging virus, growing inequity, the sting of systemic racism, a climate in crisis, America's role in the world. Any one of these would be enough to challenge us in profound ways.

But the fact is we face them all at once, presenting this nation with one of the gravest responsibilities we've had. Now, we're going to be tested. Are we going to step up, all of us? It's time for boldness, for there's so much to do. And this is certain, I promise you, we will be judged you and I, by how we resolve these cascading crises of our era.

Will we rise to the occasion? Will we master this rare and difficult hour? When we meet our obligations and pass along a new and better world for our children, I believe we must. I'm sure you do as well. I believe we will. And when we do, we'll write the next great chapter in the history of the United States of America, the American story.

Check the Vocabulary

untruth 거짓 | **raging** 맹렬한 | **inequity** 불평등 | **sting** 상처 | **systemic racism** 구조적 인종차별 | **profound** 심오한 | **face** 직면하다 | **at once** 한번에 | **gravest** 중대한 | **boldness** 대담함 |

아멘. 국민 여러분, 우리는 시험을 받고 있습니다. 민주주의에 대한 공격과 거짓에 직면하고 있습니다.(번역가주- 트럼프 전 대통령의 부정 선거 주장을 의미함) 맹렬한 바이러스, 깊어지는 불평등, 구조적 인종차별의 상처, 기후 위기, 그리고 미국의 국제적 역할까지 모두 심오한 도전들입니다.

중요한 것은 이 나라가 중대한 책임을 지고 그 문제들을 한번에 직면하고 있다는 것입니다. 이제 시험을 치르게 될 것입니다. 모두 함께 나설까요? 해야 할 일이 너무 많아서 대담해져야 할 때입니다. 확실한 것은, 우리 시대의 연속적인 위기를 어떻게 해결하는가에 따라서 우리가 평가받을 것이라는 사실입니다.

우리가 난국에 잘 대처할 것인가가 문제입니다. 우리가 이 전례 없이 힘든 시기를 극복해낼까요? 저는 우리가 해내야 한다고 믿습니다. 우리의 의무를 다해 우리 아이들에게 새롭고 더 나은 세상을 물려주기 위해서 말입니다. 여러분도 마찬가지이실 겁니다. 이 어려움을 잘 이겨낼 때, 우리는 미국 역사의 위대한 다음 장을 쓰게 될 것입니다. 미국의 이야기를 말입니다.

04-02

A story that might sound something like a song that means a lot to me. It's called American Anthem. There's one verse that stands out, at least for me. And it goes like this, "The work and prayers of century have brought us to this day. What shall be our legacy? What will our children say? Let me know in my heart, when my days are through. America, America, I gave my best to you."

Let's add, let's us add our own work and prayers to the unfolding story of our great nation. If we do this, then when our days are through, our children and our children's children will say of us, "They gave their best. They did their duty. They healed a broken land."

Check the Vocabulary

verse 구절 | stand out 눈에 띄다 | prayer 기도 | legacy 유산 | through 끝난 | gave one's best 최선을 다했다(give의 과거형) | add 더하다 | unfold 펼치다 | through ..을 끝내고 | duty 의무

44

저에게 많은 의미를 주는 노래 속 이야기가 있습니다. 미국 송가(American Anthem) 라는 노래입니다. 이런 구절이 눈에 띄었습니다. "수백 년의 일과 기도로 오늘에 이 르렀네. 우리의 유산은 무엇일까? 우리의 아이들은 무엇을 말할까? 나의 날이 다할 때 내 마음에 들려주오. 미국이여, 미국이여. 나는 조국을 위해 최선을 다했네."

이 위대한 나라의 이야기를 펼치는데 우리의 일과 기도를 더합시다. 우리의 시대가 저물 때 우리의 아이들과 손자 손녀는 이렇게 회상할 것입니다. "그들은 최선을 다했 어. 그들의 의무를 다했어. 이 무너진 땅을 치유했어."

04-03

My fellow Americans, I close today where I began, with the sacred oath. Before God and all of you, I give you my word. I will always level with you. I will defend the Constitution. I'll defend our democracy. I'll defend America and will give all, all of you. Keep everything I do in your service, thinking not of power, but of possibilities. Not of personal interest, but the public good.

And together we shall write an American story of hope, not fear. Of unity, not division. Of light, not darkness. A story of decency and dignity, love and healing, greatness and goodness. May this be the story that guides us, the story that inspires us and the story that tells ages yet to come, that we answer the call of history.

Check the Vocabulary

sacred oath 엄숙한 선서 | **level with** 솔직하게 터놓고 말하다 | **defend** 수호하다 | **democracy** 민주주의 | **personal** 자기만의 | **public** 공공의 | **division** 분열 | **decency** 품위 | **dignity** 위엄 |

엄숙한 선서로 시작한 이곳에서 이제 연설을 마치겠습니다. 하나님과 여러분 앞에서 맹세합니다. 항상 여러분 앞에서 솔직할 것입니다. 헌법을 수호할 것이고 민주주의를 지킬 것입니다. 미국과 여러분 모두를 지킬 것입니다. 권력이 아닌 가능성을 생각하고, 저의 이익이 아닌 국민의 이익을 생각하면서, 국민만을 위해 일할 것입니다.

우리는 다 함께 미국의 이야기를 써나갈 것입니다. 두려움이 아닌 희망의 이야기, 분열이 아닌 단합의 이야기, 어두움이 아닌 빛의 이야기입니다. 품위와 위엄, 사랑과 치유, 위대함과 선함에 관한 이야기입니다. 이 이야기가 우리를 이끌 것입니다. 우리에게 영감을 줄 것입니다. 아직 오지않은 시대에 대해 말해 줄 것이고 우리는 그 역사의 부름에 응답할 것입니다.

---

inspire 영감을 주다 | **yet** 아직

04-04

We met the moment. Democracy and hope, truth and justice did not die on our watch, but thrived. That America secured liberty at home and stood once again as a beacon to the world. That is what we owe our forebears, one another and generation to follow.

So, with purpose and resolve, we turn to those task of our time. Sustained by faith. Driven by conviction. And, devoted to one another and the country we love with all our hearts. May God bless America and may God protect our troops. Thank you, America.

Check the Vocabulary

truth 진실 | **justice** 정의 | **thrive** 번성하다 | **secure** 수호하다 | **liberty** 자유 | **beacon** 햇불 | **forebear** 선조 | **resolve** 결의 | **sustain** 지속하다 | **drive** 움직이다 | **conviction** 신념 | **devote**

우리는 이미 그 이야기를 써 내려가고 있습니다. 민주주의와 희망, 진실과 정의는 우리가 지켜보는 가운데 꺾이지 않고 번성했습니다. 미국은 이 땅에서 자유를 수호했고 다시 한번 세계의 횃불로 섰습니다. 우리의 선조들이 희생했듯이 우리도 서로와 후세를 위해 헌신할 것입니다.

목적과 결의를 가지고 우리 시대의 과업을 수행해나갑시다. 한결같은 믿음을 갖고, 신념을 따르면서, 우리가 온 마음으로 사랑하는 이 나라와 이웃에게 헌신합시다. 미국에게 축복이 있기를. 신이 우리 군대를 보호하시기를. 감사합니다.

Check the Vocabulary

헌신하다 | **bless** 축복하다 | **protect** 보호하다 | **troop** 군대

SPEECH

05

Presidential Acceptance Speech(1)

조 바이든 대통령 당선 수락 연설(1)

2020년 11월 7일. 델라웨어주 윌밍턴 체이스센터

7천4백만 표의 힘

조 바이든이 대통령 당선을 수락한 연설이다. 사상 최대 득표율로 당선되었으나, 상대 후보였던 트럼프 대통령이 부정 선거를 주장하고 선거결과에 불복하는 소송을 진행하는 등 험난한 과정을 거쳤다. 연설이 진행되는 동안, 윌밍턴 체이스 센터는 차량 경적과 지지자의 환호 소리로 가득 찼다. 조 바이든 대통령 당선인 목소리에도 힘이 들어갔다. 승리에 대한 기쁨으로 축제 분위기가 된 현장을 잘 느낄 수 있는 연설이다.

Folks, the people of this nation have spoken. They've delivered us a clear victory, a convincing victory, a victory for we, the people. We've won with the most votes ever cast for a presidential ticket in the history of the nation. Seventy-four million. Well, I must admit, it surprised me.

Tonight, we're seeing all over this nation, all cities and all parts of the country, indeed across the world, an outpouring of joy, of hope, renewed faith in tomorrow to bring a better day. And I'm humbled by the trust and confidence you placed in me. I pledge to be a president who seeks not to divide but unify, who doesn't see red states and blue states, only sees the United States.

I'll work with all my heart, with the confidence of the whole people, to win the confidence of all of you. And for that, is what America, I believe, is about. It's about people. And that's what our administration will be all about.

I sought this office to restore the soul of America, to rebuild the backbone of this nation: the middle class. And to make America respected around the world again. And to unite us here at home. It's the honor of my lifetime that so many millions of Americans have voted for that vision. And now the work of making that vision is real. It's a task, the task of our time.

Check the Vocabulary

clear 분명한 | **convincing** 확실한 | **vote** 표 | **indeed** 실로 | **outpour** 감정을 뿜어내다 | **renew** 새롭게 한 | **trust** 신뢰 | **pledge** 맹세하다 | **seek** 추구하다 | **divide** 나누다 | **unify** 통합하다 |

여러분, 이 나라의 국민들이 목소리를 냈습니다. 우리에게 분명한 승리, 확실한 승리를 안겨주었습니다. 국민 모두를 위한 승리입니다. 우리는 미국 대통령 선거 역사상 가장 많은 표를 얻었습니다. 7천 4백만 표입니다. 솔직히 깜짝 놀랐습니다.

오늘 밤, 우리는 이 나라의 모든 도시와 실로 세계 각지에서 기쁨과 희망이 쏟아지고, 더 나은 내일에 대한 새로운 믿음이 샘솟는 것을 보고 있습니다. 여러분이 보내주신 신뢰와 확신을 겸허히 받아들입니다. 분열이 아닌 단합을 추구하는 대통령이 될 것을 맹세합니다. 레드 스테이트(Red State · 민주당 지지주)와 블루 스테이트(Blue State · 공화당 지지주)가 아닌 미합중국(the United States)의 대통령이 되겠습니다.

여러분이 보내주신 신임을 바탕으로 여러분 모두의 신뢰를 얻기 위해 전심을 다해 일하겠습니다. 미국에서 가장 중요한 가치는 사람이라고 믿습니다. 우리 행정부는 전적으로 그 가치를 추구할 것입니다.

제가 이 대통령직에 출마한 것은 미국의 정신을 회복하고 이 나라의 중추인 중산층을 재건하기 위해서입니다. 미국이 다시 세계의 존경을 받게 하기 위해서입니다. 미국을 단합시키기 위해서입니다. 수백만 명의 국민들이 저의 뜻에 함께 해주셔서 제 평생의 영광입니다. 이제 그 비전을 현실에서 펼쳐나가는 것이 우리의 과업이 되었습니다.

Check the Vocabulary

confidence 신뢰 | **administration** 행정부 | **sought office** 관직에 출마했다 (sought은 seek의 과거형) | **backbone** 중추 | **the middle class** 중산층

05-02

Folks, as I said many times before, I'm Jill's husband. And I would not be here without her love and tireless support of Jill and my son Hunter, and Ashley, my daughter and all our grandchildren and their spouses and all our family. They're my heart.

Jill is a mom, a military mom, an educator. She has dedicated her life to education. But teaching isn't just what she does. It's who she is. For American educators, this is a great day for you all. You're going to have one of your own in the White House, and Jill is going to make a great first lady. I'm so proud of her.

I'll have the honor of serving with a fantastic vice president. You just heard from Kamala Harris, who makes history as the first woman, first Black woman, the first woman from South Asian descent, the first daughter of immigrants ever elected to this country. Don't tell me it's not possible in the United States. It's long overdue.

Check the Vocabulary

tireless 끊임없는 | spouse 배우자 | dedicate 헌신하다 | educator 교육자 | first lady 영부인 | honor 영광 | vice president 부통령 | South Asian 남아시아인 | descent 혈통 | immigrant

54

여러분, 전에도 자주 말씀드렸다시피, 저는 질의 남편입니다. 아내의 끊임없는 응원과 사랑 그리고 제 아들 헌터와 딸 애슐리 또, 손자 손녀들과 그들의 배우자들, 모든 우리 가족 덕분에 이 자리에 올 수 있었습니다. 그들은 저에게 매우 소중한 존재입니다.

질은 군인 엄마이자 교육자입니다. 평생을 교육에 헌신했습니다. 가르치는 것은 단순히 그녀의 직업이 아니라 그녀가 누구인가를 증명하는 것입니다. 그런 점에서 미국의 교육자들에게 오늘은 의미 있는 날입니다. 여러분의 일원을 백악관에 두게 되었으니까요. 질은 영부인 역할을 훌륭하게 수행할 것입니다. 아내가 무척 자랑스럽습니다.

저는 또, 훌륭한 부통령과 함께 일하는 영광을 갖게 되었습니다. 카멀라 해리스의 연설을 방금 들으셨죠. 그녀는 최초의 흑인 여성이자 최초의 남아시아계 여성으로, 또 이 나라에서 선출된 최초의 이민자 딸로서 역사를 만들고 있습니다. 미국에서는 불가능하다고 말하지 마세요. 오래 전에 이뤄졌어야 할 일입니다.

Check the Vocabulary

이민자 | **It's long overdue** 오래 전에 이뤄졌어야 할 일이다

And we're reminded tonight of those who fought so hard for so many years to make this happen. Once again, America's bent the arc of the moral universe more toward justice. Kamala, Doug, like it or not, you're family. You become an honorary Biden, there's no way out.

All those of you who volunteered and worked the polls in the middle of a pandemic, local elected officials: You deserve a special thanks from the entire nation. And to my campaign team and all the volunteers and all who gave so much of themselves to make this moment possible. I owe you. I owe you. I owe you everything.

And all those who supported us. I'm proud of the campaign we built and ran. I'm proud of the coalition we put together, the broadest and most diverse coalition in history. Democrats, Republicans, independents, progressives, moderates, conservatives, young, old, urban, suburban, rural, gay, straight, transgender, white, Latino, Asian, Native American. I mean it.

And especially those moments when this campaign was at its lowest ebb, the African American community stood up again for me. You've always had my back, and I'll have yours.

이렇게 실현되기까지 오랜 세월 동안 투쟁해 온 사람들이 오늘밤 떠오릅니다. 다시 한 번 미국은 도덕세계의 궤도를 정의(justice)쪽으로 기울였습니다. 카멜라, 더그, 원하든 원하지 않든 당신들은 우리의 가족입니다. 명예 바이든이 되었고 빠져나갈 구멍은 없습니다.

팬데믹의 한복판에서 투표를 위해 자원하여 일해준 분들과 지방 공무원분들, 여러분께 전 국민을 대신하여 감사드립니다. 저의 선거운동팀과 자원봉사자분들과 이 순간을 위해 헌신한 모든 분께도 말씀드리고 싶습니다. 여러분 덕분입니다. 여러분 덕분입니다. 모두 여러분 덕분입니다.

지지해주신 모든 분에게 우리가 함께 일궈온 선거운동이 자랑스럽다고 말씀드리고 싶습니다. 역사상 가장 광범위하고 다양한 연합이었습니다. 민주당, 공화당, 무소속, 진보, 중도, 보수, 젊은이, 노인, 도시, 교외, 시골, 동성애자, 이성애자, 트랜스젠더, 백인, 라틴계, 아시아인, 아메리카 원주민 등 정말 다양했어요.

특별히 선거운동이 가장 어려웠을 때 다시 한 번 저를 지지해 주신 아프리카계 미국인 사회에 감사함을 전합니다. 여러분이 항상 제 편이 되어주신 만큼, 이제는 제가 여러분의 편이 되어드리겠습니다.

Check the Vocabulary

보 | **moderate** 중도 | **conservative** 보수 | **straight** 이성애자 | **ebb** 쇠퇴기

I said at the outset, I wanted to represent this campaign to represent and look like America. We've done that. Now that's what I want the administration to look like and act like.

For all those of you who voted for President Trump, I understand the disappointment tonight. I've lost a couple of times myself.

But now, let's give each other a chance. It's time to put away the harsh rhetoric, lower the temperature, see each other again. Listen to each other again.

And to make progress, we have to stop treating our opponents as our enemies. They are not our enemies. They are Americans. They're Americans. The Bible tells us. To everything there is a season, a time to build, a time to reap and a time to sow. And a time to heal. This is the time to heal in America.

Check the Vocabulary

at the outset 처음에 | **represent** 대표하다 | **campaign** 선거운동 | **the administration** 행정부 | **vote** 투표를 하다 **disappointment** 실망 | **harsh** 거친 | **rhetoric** 말 | **lower the**

저는 선거 초반에, 미국다운 미국을 대표하는 선거운동을 하겠다고 말씀드렸습니다. 그리고 그렇게 해냈습니다. 이제는 미국다운 모습으로 움직이는 행정부를 만들고 싶습니다.

트럼프 대통령에게 투표했던 분들은 오늘밤 크게 실망하셨을 거라 생각합니다. 이해합니다. 저도 여러 번 낙선했었습니다.

하지만 이제 서로에게 기회를 주었으면 합니다. 거친 언어로 공격하던 것을 멈추고, 흥분을 가라앉히고, 다시 한 번 서로를 바라봅시다. 서로의 말에 다시 한 번 귀 기울입시다.

앞으로 나아가려면 상대를 더 이상 적으로 여겨서는 안 됩니다. 그들은 우리의 적이 아닙니다. 우리와 같은 미국민입니다. 성경은 모든 것에 때가 있다고 말합니다. 세울 때가 있고, 씨 뿌리는 때와 수확하는 때가 있다고 말입니다. 지금은 치유할 때입니다. 미국을 치유할 때입니다.

Check the Vocabulary

temperature 흥분을 가라앉히다 | **progress** 전진 | **opponent** 상대 | **enemy** 적 | **Bible** 성경 | **reap** 거둬들이다 | **sow** 씨를 뿌리다 | **heal** 치유하다

SPEECH
06

Presidential Acceptance Speech(2)

조 바이든 대통령 당선 수락 연설(2)

2020년 11월 7일. 델라웨어주 윌밍턴 체이스센터

우리시대의 전투

선거를 끝내고 무엇을 해야할 것인지에 대해 말하는 장이다. 바이든 대통령 당선자는 취임 후 바이러스, 구조적 인종차별, 기후위기 등의 문제에 맞서 싸울 것이라고 말하였다. 미국이 절망을 물리치고 번영을 이룩할 역사적 변곡점 위에 서 있다고 언급하고 있다.

Now, this campaign is over. What is the will of the people? What is our mandate? I believe it's this: America has called upon us to marshal the forces of decency, the forces of fairness. To marshal the forces of science and the forces of hope in the great battles of our time.

The battle to control the virus, the battle to build prosperity, the battle to secure your family's health care. The battle to achieve racial justice and root out systemic racism in this country. And the battle to save our planet by getting climate under control. The battle to restore decency, defend democracy and give everybody in this country a fair shot. That's all they're asking for. A fair shot.

Folks, our work begins with getting covid under control. We cannot repair the economy, restore our vitality or relish life's most precious moments, hugging our grandchildren, our children, our birthdays, weddings, graduations, all the moments that matter most to us, until we get it under control.

Check the Vocabulary

over 끝이 난 | **mandate** 의무 | **force** 힘 | **decency** 품위 | **fairness** 공정 | **marshal** 모으다 |
battle 전투 | **control** 통제하다 | **prosperity** 번영 | **racial justice** 인종적 정의 | **root out** 뿌리

이제 선거가 끝났습니다. 무엇을 할 준비가 되어있나요? 우리는 무엇을 해야 할까요? 저는 미국이 우리에게 품위와 공정의 힘을 모을 것을 요청한다고 믿습니다. 우리 시대의 치열한 전투에서 과학과 희망의 힘을 모을 것을 요청한다고 믿습니다.

우리 시대의 전투는 바이러스를 통제하고 번영을 구축하는 것입니다. 가족의 건강을 지키는 것입니다. 인종적 정의를 실현하고 구조적 인종차별을 뿌리 뽑는 것입니다. 또한, 우리 시대의 전투는 기후를 통제하여 이 세상을 구하는 것이며, 품위를 회복하고, 민주주의를 수호하고, 모든 이에게 공정한 기회를 주는 것입니다. 공정한 기회를 주는 것, 그것이 모두가 요청하는 것입니다.

여러분, 우리는 코로나19를 통제하는 것부터 시작할 것입니다. 바이러스를 통제하지 않고는 경제를 회복할 수도, 활력을 되찾을 수도, 인생의 가장 소중한 순간들을 즐길 수도 없기 때문입니다. 손자 손녀들과 아이들을 안아주는 순간과 생일, 결혼식, 졸업식 같은 모든 중요한 순간들을 말입니다.

Check the Vocabulary

뽑다 | **planet** 세상 | **restore** 회복하다 | **a fair shot** 공정한 기회 | **restore** 되찾다 | **vitality** 활력 |
relish 즐기다 | **precious** 소중한 | **under control** 통제되는

On Monday, I will name a group of leading scientists and experts as transition advisers to help take the Biden-Harris covid plan and convert it into an action blueprint that will start on January the 20th, 2021. That plan will be built on bedrock science. It will be constructed out of compassion, empathy and concern. I will spare no effort, none, or any commitment to turn around this pandemic.

Folks, I'm a proud Democrat, but I will govern as an American president. I'll work as hard for those who didn't vote for me as those who did. Let this grim era of demonization in America begin to end here and now.

The refusal of Democrats and Republicans to cooperate with one another. It's not some mysterious force beyond our control. It's a decision, a choice we make. And if we can decide not to cooperate, then we can decide to cooperate.

And I believe that this is part of the mandate given to us from the American people. They want us to cooperate in their interest. And that's the choice I'll make. And I'll call on Congress, Democrats and Republicans alike, to make that choice with me.

월요일에 저는, 최고 과학자와 전문가 그룹을 인수위 고문으로 임명할 것입니다. 그럼으로써, 바이든-해리스 정부의 코로나 플랜이 2021년 1월 20일부터 실행에 옮겨지도록 할 것입니다.(번역가주- 2021년 1월 20일은 바이든 대통령 취임일임) 이 계획은 과학을 기반으로 할 것이고 그 안에 연민, 공감, 관심을 담을 것입니다. 바이러스를 극복하기 위해 어떤 노력과 헌신도 아끼지 않겠습니다.

여러분, 저는 자랑스러운 민주당원입니다. 하지만 저는 모든 국민의 대통령으로서 나라를 이끌 것입니다. 저에게 투표하신 분과 투표하지 않으신 분 모두를 위해 열심히 일할 것입니다. 상대를 악마처럼 여기는 암울한 미국의 시대를 지금, 여기서 끝냅시다.

민주당원과 공화당원이 서로 협력하기를 거절하는 것은 어떤 불가사의한 힘에 의해서가 아닙니다. 우리의 결정이고 우리의 선택인 것입니다. 협력하지 않기로 결정할 수 있다면 협력하는 것 또한 결정할 수 있는 것입니다.

저는 이것이 국민의 명령이라고 믿습니다. 그들은 우리가 국민에게 가장 좋은 방향으로 협력하기를 원합니다. 저는 그렇게 할 것입니다. 의회와 민주당원과 공화당원 모두, 저와 같은 선택을 해주시기를 요청드립니다.

The American story is about slow, yet steadily widening the opportunities in America. And make no mistake, too many dreams have been deferred for too long. We must make the promises of the country real for everybody, no matter their race, their ethnicity, their faith, their identity or their disability.

Folks, America has always been shaped, by inflection points, by moments in time. We've made hard decisions about who we are and what we want to be.

Lincoln in 1860 coming to save the Union. FDR in 1932, promising a beleaguered country a new deal. JFK in 1960 pledging a new frontier. And twelve years ago, when Barack Obama made history, he told us, "Yes, we can."

steadily 꾸준히 | **widen** ..을 넓히다 | **make no mistake** 정말이다 | **defer** 지체하다 | **race** 인종 | **ethnicity** 민족성 | **faith** 믿음 | **identity** 정체성 | **disability** 신체적 장애 | **shape** 만들다 |

미국의 이야기는, 느리지만 꾸준히 미국에서 기회를 넓혀나가는 것입니다. 정말입니다. 너무 많은 꿈들이 오랫동안 지체되어 왔습니다. 이제 그 꿈이 실현되어야 합니다. 인종, 민족성, 믿음, 정체성, 장애와 관계없이 모든 사람의 꿈이 실현되어야 합니다.

국민 여러분, 미국은 언제나 역사적 변곡점들과 순간들 위에 만들어졌습니다. 우리가 누구인지에 대해, 또, 어떤 미국을 만들고 싶은지에 대해 힘든 결정을 내려왔습니다.

링컨 대통령은 1860년 미합중국을 지켜냈습니다. 프랭클린 루스벨트는 1932년 뉴딜 정책을 통해 사면초가에 몰린 나라에 희망을 불어넣었습니다. 존 케네디 대통령은 1960년 뉴프런티어 정신을 맹세했습니다. 그리고 12년 전, 역사를 만든 버락 오바마는 이렇게 말했습니다. "네, 우리는 할 수 있습니다."

Check the Vocabulary

inflection point 변곡점 | **beleaguered** 사면초가에 몰린

Well, folks, we stand at an inflection point. We have an opportunity to defeat despair, to build a nation of prosperity and purpose. We can do it. I know we can. I've long talked about the battle for the soul of America. We must restore the soul of America.

Our nation is shaped by the constant battle between our better angels and our darkest impulses. And what presidents say in this battle matters. It's time for our better angels to prevail.

Tonight, the whole world is watching America, and I believe in our best, America is a beacon for the globe. We will lead not only by the example of our power, but by the power of our example.

여러분, 우리는 지금 역사적 변곡점 위에 서있습니다. 절망을 물리치고 이 나라의 번영과 목적을 세울 기회 위에 서있습니다. 우리는 해낼 수 있습니다. 저는 우리가 해낼 수 있다는 것을 알고 있습니다. 미국의 정신을 둘러싼 전투에 대해 줄곧 말씀드려왔죠. 우리는 미국의 정신을 반드시 회복해야 합니다.

이 나라는 우리의 선한 본성과 악한 충동 간의 끊임없는 싸움 속에 만들어져 왔습니다. 그 싸움에서 대통령이 무엇을 말하는가가 중요합니다. (저는 말씀드립니다) 이제, 우리의 선이 승리할 때입니다.

오늘밤 전 세계가 미국을 지켜보고 있습니다. 우리가 만드는 위대한 미국이 전 세계의 횃불이 될 것을 믿습니다. 우리는 힘이 아닌, 모범의 본보기로서 세계를 이끌 것입니다.

beacon 횃불

SPEECH

07

Presidential Acceptance Speech(3)

조 바이든 대통령 당선 수락 연설(3)

2020년 11월 7일. 델라웨어주 윌밍턴 체이스센터

미국의 단어, 가능성

미국을 '가능성'이란 단어로 정의한다고 말하는 장이다. 바이든 대통령 당선자는 미국의 모든 사람이 자신이 가진 꿈만큼 기회를 펼쳐나갈 수 있어야 한다고 말했다. 그는 자신에게 "믿음을 퍼트려라"고 말한 할머니 이야기를 들려주면서, 국민들에게 믿음을 퍼트리라고 촉구하였다.

I know I've always believed, many of you heard me say it, I've always believed we can define America in one word: possibilities. That in America, everyone should be given an opportunity to go as far as their dreams and God-given ability will take them.

You see, I believe in the possibilities of this country. We're always looking ahead. Ahead to an America that is freer and more just. Ahead to an America that creates jobs with dignity and respect. Ahead to an America that cures diseases like cancer and Alzheimer's. Ahead to an America that never leaves anyone behind. Ahead to an America that never gives up, never gives in, this great nation.

It's always been a bad bet to bet against America. We're good people. This is the United States of America. There's never been anything, never been anything we've been not able to do when we've done it together.

Check the Vocabulary

define 정의하다 | opportunity 기회 | God-given 하나님이 주신 | possibility 가능성 | look ahead 앞일을 내다보다 | freer 더 자유로운(free의 비교급) | just 공정한 | dignity 품격 | cure 치료

전에도 말씀드렸듯, 저는 늘 미국을 하나의 단어, 가능성으로 정의할 수 있다고 믿어 왔습니다. 미국에서는 모든 사람이 자신이 가진 꿈만큼의 기회를 가지면서, 하나님께 부여받은 능력으로 그 꿈을 펼쳐나갈 수 있어야 합니다.

저는 이 나라의 가능성을 믿습니다. 우리는 언제나 앞을 바라보고 있습니다. 더 자유롭고 공정한 미국을 바라보고 있습니다. 품위 있고 존경받는 일자리를 만드는 미국을 바라보고 있습니다. 암과 알츠하이머 같은 병을 치료해내는 미국을 바라보고 있습니다. 누구도 뒤에 남겨두지 않는 미국을 바라보고 있습니다. 절대 포기하지 않고 굴복하지 않는 위대한 나라, 미국을 바라보고 있습니다.

미국을 상대하려는 도전은 언제나 무모한 도전이었습니다. 우리 국민은 선합니다. 이것이 미합중국입니다. 우리가 함께 했을 때 이뤄내지 못한 것은 지금까지 어떤 것도 없습니다.

Check the Vocabulary

하다 | **disease** 질병 | **cancer** 암 | **leave behind** 두고 가다 | **bet** 내기 (본문에서 미국을 상대로 한 내기, 도전을 뜻함) | **be able to** 할 수 있다

07-02

Folks, the last days of the campaign, I began thinking about a hymn that means a lot to me and my family, particularly my deceased son, Beau. It captures the faith that sustains me, and which I believe sustains America. And I hope — and I hope it can provide some comfort and solace to the 230,000 Americans who've lost a loved one to this terrible virus this year. My heart goes out to each and every one of you. Hopefully, this hymn gives you solace as well.

And it goes like this: And he will raise you up on eagle's wings, bear you on the breath of dawn, and make you just sign like the sun and hold you in the palm of his hand.

And now together, on eagle's wings, we embark on the work that God and history have called upon us to do, with full hearts and steady hands, with faith in America and each other, with love of country, a thirst for justice.

Check the Vocabulary

hymn 찬송가 | **particularly** 특히 | **deceased** 죽은 | **faith** 믿음 | **sustain** 지탱하다 | **solace** 위안 | **eagle** 독수리 | **wing** 날개 | **bear** 데려가다 | **breath** 숨결 | **dawn** 새벽 | **palm** 손바닥 |

74

여러분, 선거 마지막 날, 저와 저의 가족, 특히 세상을 떠난 제 아들에게 의미 있는 찬송가 하나가 떠올랐습니다. 저와 미국을 지탱해주는 믿음을 담고 있는 노래입니다. 이 노래가 올해 끔찍한 바이러스로 사랑하는 사람을 잃은 23만 명의 가족들에게 위로 가 되기를 바랍니다. 여러분 한 명 한 명에게 저의 애도를 보냅니다. 부디 이 찬송가 가 여러분에게 위안이 되었으면 합니다.

"주가 너를 독수리의 날개 위에 세우시고,
새벽의 숨결 위로 데려가며,
당신을 태양처럼 빛나게 하고,
그리고 너를 주의 손바닥 위에 놓으실 것이다"

이제 우리 모두 힘을 합쳐, 독수리 날개 위에서 신과 역사가 우리에게 준 사명을 시작 합시다. 뜨거운 가슴과 단호함으로, 미국과 서로에 대한 믿음으로, 조국에 대한 사랑 으로, 정의를 향한 목마름으로, 이 사명을 해냅시다.

Check the Vocabulary

embark 시작하다 | **steady** 흔들리지 않는 | **thirst** 목마름 | **justice** 정의

07-03

Let us be the nation that we know we can be. A nation united, a nation strengthened. A nation healed. The United States of America, ladies and gentlemen, there's never, never been anything we've tried we've not been able to do.

So I remember as my grandpa said when I walked out of his home when I was a kid up in Scranton, he said: "Joey, keep the faith." And our grandmother, when she was alive, she yelled: "No, Joey, spread it." Spread the faith. God love you all. May God bless America, and may God protect our troops. Thank you. Thank you. Thank you.

Check the Vocabulary

strengthen 강화하다 | **keep faith** 믿음을 지키다 | **alive** 살아있는 | **yell** 소리치다 | **spread** 퍼트리다 | **troop** 군대

우리가 이룰 수 있는 미국을 만들어나갑시다.

단합된 나라

강건한 나라

치유된 나라

단결된 미국.

신사 숙녀 여러분, 지금까지 우리가 노력해서 이뤄내지 못한 일이 전혀, 전혀 없었습니다.

제가 어릴 때 스크랜턴에 있는 할아버지 집을 나설 때마다 할아버지는 말씀하셨습니다. "조, 너의 믿음을 지켜라." 그러면 당시 살아계셨던 할머니가 소리치셨습니다. "아니다. 조, 너의 믿음을 퍼트려라." 여러분, 여러분의 믿음을 퍼트리십시오. 신이 여러분 모두를 사랑하십니다. 신이 미국을 축복하고 신이 우리 군대를 보호하시기를 바랍니다. 감사합니다.

SPEECH
08

Remarks by President Biden
on America's Place in the World(1)

'세계 속 미국의 위치' 연설(1)

2021년 2월 4일 미국 국무부 벤저민 프랭클린룸

권위주의에 맞서는 민주주의 동맹

조 바이든 대통령이 취임 후 첫 부처로써 국무부를 방문하여 행한 연설이다. 트럼프 전 대통령이 미국 우선주의를 강조한 것과 달리, 바이든 대통령은 동맹국과의 연합을 강조하였다. 세계무대에서 미국의 위치를 어떻게 재편할 것인지 잘 드러내는 연설이다.

Mr. Secretary, it's great to be here with you. And I've been looking forward a long time to be able to call you "Mr. Secretary." Good afternoon, everyone. It's an honor to be back at the State Department under the eyes of the first American chief diplomat, Benjamin Franklin.

And, by the way, I want you all to know in the press I was the Benjamin Franklin Professor of Presidential Politics at Penn. And I thought they did that because I was as old as he was, but I guess not. Anyway, all kidding aside, it's great to be here and stand alongside our most recent and senior diplomat, Secretary Tony Blinken.

Mr. Secretary, thank you for welcoming us today. We've worked together for over 20 years. Your diplomatic skills are respected equally by your friends and our competitors around the world. And they know when you speak, you speak for me. And so — so is the message I want the world to hear today: America is back. America is back. Diplomacy is back at the center of our foreign policy.

Check the Vocabulary

Secretary 장관 | **the State Department** 국무부 | **chief diplomat** 수석 외교관 | **the press** 언론 | **most recent and senior diplomat** 초대 외교수장 | **diplomatic skills** 외교적 수완 |

장관, 함께하게 되어 기쁩니다. 당신을 "장관"으로 부를 수 있게 되기를 오랫동안 기다려왔어요. 안녕하세요, 국민 여러분. 미국 최초의 수석 외교관인 벤저민 프랭클린이 내려다보고 있는 국무부로 돌아오게 되어 영광입니다.

언론에서 아셔야 할 것이 있는데요. (번역가주— 기자들 앞에서 연설하고 있어서 언론이 아셔야할 것이 있다고 말함) 저는 펜실베니아대에서 벤저민 프랭클린 대통령 석좌교수였습니다. 제가 그 분만큼 나이를 먹어서 임명한 줄 알았는데 아닌 것 같아요. 농담입니다. (번역가주— 사람들이 바이든 대통령의 고령 나이를 언급한 것을 염두에 둔 농담임) 어쨌든 (조 바이든 행정부의) 초대 외교수장인 토니 블링컨 장관과 나란히 서게 되어 기쁩니다.

장관, 오늘 저희를 환영해주셔서 감사합니다. 우리는 20년 넘게 함께 일해 왔습니다. 장관의 외교적 수완은 장관을 잘 아는 이들과 전 세계 경쟁자들 모두 존경하고 있습니다. 장관이 말할 때 그것이 곧 저를 대변한다는 것을 그들도 알고 있습니다. 오늘 전 세계에 보내는 메시지는 이것입니다. 미국이 돌아왔습니다. 미국이 돌아왔습니다. 외교가 미국 대외정책의 중심으로 다시 돌아왔습니다.

As I said in my inaugural address, we will repair our alliances and engage with the world once again, not to meet yesterday's challenges, but today's and tomorrow's.

American leadership must meet this new moment of advancing authoritarianism, including the growing ambitions of China to rival the United States and the determination of Russia to damage and disrupt our democracy.

We must meet the new moment accelerating global challenges — from the pandemic to the climate crisis to nuclear proliferation — challenging the will only to be solved by nations working together and in common. We can't do it alone.

That must be this — we must start with diplomacy rooted in America's most cherished democratic values: defending freedom, championing opportunity, upholding universal rights, respecting the rule of law, and treating every person with dignity. That's the grounding wire of our global policy — our global power. That's our inexhaustible source of strength. That's America's abiding advantage.

Check the Vocabulary

address 연설 | **repair** 되찾다 | **alliance** 동맹 | **engage** 관계를 맺다 | **meet** 대항하다 |
authoritarianism 권위주의 | **ambition** 야망 | **determination** 결심 | **disrupt** 분열시키다 |

취임사에서 말씀드렸듯이, 우리는 우리의 동맹을 되찾고 다시 한번 세계와 교류할 것입니다. 어제의 도전이 아닌 오늘과 내일의 도전에 대응하면서 말입니다.

미국의 리더십은 새롭게 부상하고 있는 권위주의에 반드시 맞서야 합니다. 중국은 미국과 경쟁하려는 야망을 키우고 있고, 러시아는 우리의 민주주의를 손상하고 분열시키기로 작정하고 있습니다.

팬데믹에서 기후 위기, 핵 확산에 이르기까지, 가속화되는 새로운 국제적 도전에 맞서야 합니다. 다른 나라들과 협력함으로써 해결할 수 있는 것들입니다. 미국 혼자의 힘으로는 불가능합니다.

미국이 가장 소중히 여기는 민주적 가치에 뿌리를 두고 외교를 펼쳐야 합니다. 자유를 수호하고, 기회를 옹호하고, 보편적 권리를 지키고, 법치를 존중하고, 모든 사람을 존엄하게 대하는 가치 말입니다. 그것이 우리 세계 정책의 기초 전선입니다. 그것이 우리의 무한한 힘의 원천입니다. 그것이 미국의 불변하는 강점입니다.

Though many of these values have come under intense pressure in recent years, even pushed to the brink in the last few weeks, the American people are going to emerge from this moment stronger, more determined, and better equipped to unite the world in fighting to defend democracy, because we have fought for it ourselves.

Over the past few days, we've been in close cooperation with our allies and partners to bring together the international community to address the military coup in Burma. I've also been in touch with Leader McConnell to discuss our shared concerns about the situation in Burma, and we are united in our resolve. There can be no doubt: In a democracy, force should never seek to overrule the will of the people or attempt to erase the outcome of a credible election.

The Burmese military should relinquish power they have seized, release the advocates and activists and officials they have detained, lift the restrictions on telecommunications, and refrain from violence. As I said earlier this week, we will work with our partners to support restoration of democracy and the rule of law, and impose consequences on those responsible.

Check the Vocabulary

---

intense pressure 극심한 압박 | **push to the brink** 벼랑 끝으로 몰다 | **determined** 단호한 |
better equipped 더 잘 준비가 된 | **allies** 동맹국들 (ally 복수형) | **overrule** 뒤엎다 | **erase** 지우다 |

우리의 많은 가치들이 최근 몇 년 동안 극심한 압박을 받았고, 심지어 지난 몇 주 동안 벼랑 끝으로 내몰렸습니다. (번역가주-트럼프 전 대통령 지지자들의 의사당 난입사태를 의미함) 하지만 지금 이 순간부터, 우리는 더 강해지고, 더 단호해지며, 더 준비를 갖출 것입니다. 우리가 민주주의를 위해 싸운 것처럼, 세계를 통합하여 민주주의를 수호할 것입니다.

지난 며칠 동안, 우리는 국제 사회를 한데 모으고 동맹국 및 파트너와 긴밀히 협력하여, 버마(미얀마)의 군사 쿠데타 문제를 다뤘습니다. 또한 맥코넬 대표(미 공화당 상원 원내대표)와 연락하여 버마 상황에 대해 우리가 우려하는 바를 논의했습니다. 우리는 다음과 같이 뜻을 모았습니다. 민주주의에서는 명백히, 무력으로 국민의 뜻을 뒤엎거나 신뢰할 수 있는 선거 결과를 지우는 시도가 일어나선 안 됩니다.

버마 군부는 그들이 장악한 권력을 포기하고, 그들이 구금한 지지자와 운동가와 관리들을 석방해야 합니다. 또, 통신 제한을 철폐하고 폭력을 멈춰야 합니다. 금주 초에 말씀드린 바와 같이, 우리는 파트너들과 협력하여 민주주의와 법치가 회복되도록 지원할 것입니다. 또, 책임자들에게 결과를 부과할 것입니다.

Check the Vocabulary

outcome 결과 | **credible** 신뢰할 수 있는 | **relinquish** 포기하다 | **seize** 꽉 붙들다 | **release** 석방하다 | **advocate** 옹호자 | **detain** 구금하다 | **lift** 철폐하다 | **refrain** 그만두다 | **impose** 부과하다

08-04

Over the past two weeks, I've spoken with the leaders of many of our closest friends — Canada, Mexico, the UK, Germany, France, NATO, Japan, South Korea, Australia — to being [begin] reforming the habits of cooperation and rebuilding the muscle of democratic alliances that have atrophied over the past few years of neglect and, I would argue, abuse.

America's alliances are our greatest asset, and leading with diplomacy means standing shoulder-to-shoulder with our allies and key partners once again.

Check the Vocabulary

NATO 북대서양조약기구 | **reform** 개선하다 | **atrophied** 쇠퇴한 | **neglect** 방치 | **abuse** 악습 | **asset** 자산 | **shoulder-to-shoulder** 어깨를 나란히 하여, 협력하여

지난 2주 동안, 저는 캐나다, 멕시코, 영국, 독일, 프랑스, 북대서양조약기구 (NATO), 일본, 한국, 호주 등 우리의 가장 가까운 우방 지도자들과 이야기를 나누었습니다. 그동안 협력해온 방식을 개선하고, 지난 몇 년간 방치와 악습 속에 쇠퇴해온 민주적 동맹의 힘을 재건하자고 이야기했습니다.

동맹국은 우리의 가장 큰 자산입니다. 외교를 선도하려면 동맹국 및 주요 파트너들과 다시 한번 어깨를 나란히 하면서 협력해야 합니다.

SPEECH

09

Remarks by President Biden
on America's Place in the World(2)

'세계 속 미국의 위치' 연설(2)

2021년 2월 4일 미국 국무부 벤저민 프랭클린룸

러시아와 중국에 맞서는 미국의 자세

미국이 가장 큰 경쟁자인 러시아와 중국에 대해 말하는 장이다. 바이든 대통령은 파트너들과 협력하여, 효과적으로 러시아를 상대하고 중국에 직접적으로 대응할 것이라고 말하였다. 한편으로, 미군의 해외주둔배치를 검토할 동안 주독미군 철수 계획을 중단할 것이라고 언급하고 있다.

By leading with diplomacy, we must also mean engaging our adversaries and our competitors diplomatically, where it's in our interest, and advance the security of the American people. That's why, yesterday, the United States and Russia agreed to extend the New START Treaty for five years to preserve the only remaining treaty between our countries safeguarding nuclear stability.

At the same time, I made it clear to President Putin, in a manner very different from my predecessor, that the days of the United States rolling over in the face of Russia's aggressive actions — interfering with our elections, cyberattacks, poisoning its citizens — are over.

We will not hesitate to raise the cost on Russia and defend our vital interests and our people. And we will be more effective in dealing with Russia when we work in coalition and coordination with other like-minded partners.

The politically motivated jailing of Alexei Navalny and the Russian efforts to suppress freedom of expression and peaceful assembly are a matter of deep concern to us and the international community. Mr. Navalny, like all Russian citizens, is entitled to his rights under the Russian constitution. He's been targeted — targeted for exposing corruption. He should be released immediately and without condition.

Check the Vocabulary

---

adversary 적 | **diplomatically** 외교적으로 | **extend** 연장하다 | **preserve** 유지하다 |
predecessor 전임자 | **roll over** 나가떨어지다 | **interfere** 방해하다 | **hesitate** 주저하다 | **vital**

우리는 또한, 우리의 적과 경쟁자를 외교적으로 활용해야 합니다. 우리에게 이득이 되고 국가안보가 향상되는 곳에 그들을 불러내야 합니다. 그래서 어제, 미국과 러시아가 핵의 안정화를 수호하는 양국 간에 남은 유일한 조약을 유지하기 위해 신전략무기 감축협정(뉴스타트 · New Start) 5년 연장에 합의한 것입니다.

저는 푸틴 대통령에게 저의 전임자와 매우 다른 방식으로 분명하게 말했습니다. 선거 방해, 사이버 공격, 시민 중독 등의 러시아 공격에 미국이 떨어져나가던 시대는 끝났다고 말입니다.

우리는 러시아에 대한 비용을 늘리고 우리의 이익과 국민을 지키는 것을 주저하지 않을 것입니다. 또한, 우리와 생각이 같은 파트너들과 연합하고 협동하여, 좀 더 효과적으로 러시아를 상대할 것입니다.

알렉세이 나발니(야권 운동가)를 정치적 이유로 투옥하고 표현의 자유와 평화적 집회를 억압하는 러시아의 행위를, 미국과 국제 사회는 깊이 우려하고 있습니다. 모든 러시아 시민과 마찬가지로 나발니 역시 러시아 헌법에 따라 자신의 권리를 가질 자격이 있습니다. 그는 부패를 폭로했기 때문에 표적이 된 것입니다. 그러므로 조건 없이 즉각 석방되어야 합니다.

And we'll also take on directly the challenges posed by our prosperity, security, and democratic values by our most serious competitor, China. We'll confront China's economic abuses; counter its aggressive, coercive action; to push back on China's attack on human rights, intellectual property, and global governance.

But we are ready to work with Beijing when it's in America's interest to do so. We will compete from a position of strength by building back better at home, working with our allies and partners, renewing our role in international institutions, and reclaiming our credibility and moral authority, much of which has been lost.

That's why we've moved quickly to begin restoring American engagement internationally and earn back our leadership position, to catalyze global action on shared challenges.

Check the Vocabulary

prosperity 번영 | counter 반격하다 | coercive 강압적인 | human rights 인권 | intellectual property 지적 재산권 | governance 통치 | compete 경쟁하다 | ally 동맹국 | international

우리는 또한, 우리의 번영과 안보와 민주적 가치를 위협하는 우리의 가장 심각한 경쟁자, 중국에 직접적으로 대응할 것입니다. 인권과 지적 재산권, 그리고 세계 통치에 대한 중국의 공격을 물리치기 위해서 중국의 경제적 악습과 공격적이고 강압적인 행동에 맞설 것입니다.

하지만 미국의 국익에 부합할 때는 베이징과 협력할 준비도 되어있습니다. 미국은 힘의 위치에서 경쟁할 것입니다. 국내에서는 더 나은 재건을 하고, (국외에서는) 동맹국 및 파트너와 협력할 것입니다. 또, 국제기구에서 우리의 역할을 새롭게 하고, 잃었던 신뢰와 도덕적 권위를 되찾을 것입니다.

이것이 우리가 신속하게 국제 사회에 재참여하여 리더십 지위를 되찾는 이유입니다. 이것이 우리가 공동의 문제에 대한 국제 사회의 행동을 촉진하기 위해 재빠르게 움직인 이유입니다.

Check the Vocabulary

institution 국제기구 | **reclaim** 되찾다 | **earn back** 다시 얻다 | **catalyze** 촉진시키다

09-03

On day one, I signed the paperwork to rejoin the Paris Climate Agreement. We're taking steps led by the example of integrating climate objectives across all of our diplomacy and raise the ambition of our climate targets.

That way, we can challenge other nations, other major emitters, up to — to up the ante on their own commitments. I'll be hosting climate leaders — a climate leaders' summit to address the climate crisis on Earth Day of this year. America must lead in the face of this existential threat. And just as with the pandemic, it requires global cooperation.

We've also reengaged with the World Health Organization. That way, we can build better global preparedness to counter COVID-19, as well as detect and prevent future pandemics, because there will be more.

Check the Vocabulary

rejoin 재가입하다 | **the Paris Climate Agreement** 파리기후협정 | **up the ante** 분담금을 올리다 | **address** 문제를 다루다 | **existential threat** 실질적 위협 | **the World Health Organization**

저는 취임 첫날, 파리기후협정에 재가입하는 서류에 서명했습니다. 우리는 외교 전반에 걸쳐 기후 목표를 통합하는 사례로 단계를 밟아가고 있습니다. 동시에, 기후 목표에 대한 야망을 높이고 있습니다.

이러한 방식으로, 다른 주요 탄소 배출국을 기후협약에 참여시킬 것입니다. 또한, 올해 지구의 날에 기후정상회의를 개최하여 정상들과 기후 위기를 논의할 것입니다. 이 실질적인 위협에 대처하기 위해 미국이 앞장서야 합니다. 팬데믹과 마찬가지로 전 지구적 협력을 이끌어내야 합니다.

우리는 세계보건기구(WHO)와도 협력했습니다. 코로나19에 더욱 전지구적으로 대응하는 한편, 미래 전염병을 감지 및 예방할 수 있을 것으로 기대합니다. 팬데믹은 이번으로 그치지 않을 것입니다.

Check the Vocabulary

세계보건기구(WHO) | **detect** 감지하다 | **prevent** 예방하다

We've elevated the status of cyber issues within our government, including appointing the first National - the Deputy National Security Advisor for Cyber and Emerging Technology. We're launching an urgent initiative to improve our capability, readiness, and resilience in cyberspace.

Today, I'm announcing additional steps to course-correct our foreign policy and better unite our democratic values with our diplomatic leadership. To begin, Defense Secretary Austin will be leading a Global Posture Review of our forces so that our military footprint is appropriately aligned with our foreign policy and national security priorities.

It will be coordinated across all elements of our national security, with Secretary Austin and Secretary Blinken working in close cooperation. And while this review is taking place, we'll be stopping any planned troop withdrawals from Germany.

Check the Vocabulary

elevate 높이다 | **launch** 시작하다 | **urgent** 긴급한 | **initiative** 계획 | **capability** 역량 |
readiness 준비성 | **resilience** 복원력 | **course-correct** 궤도를 수정하다 | **military footprint**

한편으로 우리 정부는, 사이버와 신기술을 담당하는 국가안보담당 부보좌관을 임명하는 등 사이버 문제의 중요도를 높여 왔습니다. 현재 사이버 공간에서의 역량과 대비와 복원력을 향상하는 긴급 기획을 시작하고 있습니다.

오늘, 저는 외교정책의 궤도를 수정하는 한편, 우리의 민주적 가치를 외교적 리더십과 더 잘 통합하기 위한 추가적인 조치를 발표할 것입니다. 먼저, 오스틴 국방장관이 우리 군의 '해외주둔미군재배치계획(GPR, Global Posture Review)'을 이끌 것입니다. 그는, 우리 군의 주둔을 외교정책과 국가안보의 우선순위에 맞춰 적절하게 조정할 것입니다.

또, 오스틴 장관과 블링컨 장관의 긴밀한 협력을 통해 우리 군의 주둔 문제가 국가 안보의 모든 요소에 걸쳐 조정될 것입니다. 그리고 검토가 진행되는 동안, 이전에 계획되었던 주독미군 철수는 중단될 것입니다.

SPEECH

10

Remarks by President Biden
on America's Place in the World(3)

'세계 속 미국의 위치' 연설(3)

2021년 2월 4일 미국 국무부 벤저민 프랭클린룸

미국의 도덕적 리더십

세계 속에서 미국의 도덕적 리더십을 어떻게 펼쳐나갈지 말하는 장이다. 바이든 대통령은 예멘 전쟁의 종식을 지원하고 난민과 성소수자 등을 위해 일할 것이라고 말하였다. 이를 통해, 힘이 아닌 모범으로써 세계를 다시 이끌 것이라고 언급하고 있다.

10-01

We're also stepping up our diplomacy to end the war in Yemen — a war which has created a humanitarian and strategic catastrophe. I've asked my Middle East team to ensure our support for the United Nations-led initiative to impose a ceasefire, open humanitarian channels, and restore long-dormant peace talks.

This morning, Secretary Blinken appointed Tim Lenderking, a career foreign policy officer, as our special envoy to the Yemen conflict. And I appreciate his doing this. Tim is has lifelong experience in the region, and he'll work with the U.N. envoy and all parties of the conflict to push for a diplomatic resolution.

And Tim's diplomacy will be bolstered by USAID, working to ensure that humanitarian aid is reaching the Yemeni people who are suffering an undurable — unendurable devastation. This war has to end. And to underscore our commitment, we are ending all American support for offensive operations in the war in Yemen, including relevant arms sales.

At the same time, Saudi Arabia faces missile attacks, UAV strikes, and other threats from Iranian-supplied forces in multiple countries. We're going to continue to support and help Saudi Arabia defend its sovereignty and its territorial integrity and its people.

Check the Vocabulary

strategic 군사전략적 | catastrophe 재난 | ceasefire 휴전 | long-dormant 오랫동안 휴면기인 | peace talks 평화회담 | envoy 특사 | lifelong 평생의 | bolster 지지하다 | humanitarian

우리는 또한 인도주의적 재난과 군사전략상의 재난을 일으킨 예멘 전쟁을 종식하기 위해 나서고 있습니다. 유엔(UN)이 구상하는 예멘 휴전, 인도주의적 채널 개설, 오랫동안 중단되었던 평화회담 재개를 확실하게 지원해 줄 것을 우리 중동팀에 요청해 왔습니다.

오늘 아침, 블링컨 장관은 외교정책관 팀 렌더킹을 예멘 분쟁의 특사로 임명했습니다. 그의 조치에 감사드립니다. 팀은 그 지역에서 평생 일한 경험이 있습니다. 유엔 특사 및 분쟁 당사자들과 함께 외교적으로 잘 해결해나갈 것입니다.

팀의 외교는 또한, 미국국제개발처(USAID)의 도움을 받아, 견딜 수 없는 파괴로 고통 받고 있는 예멘 사람들에게 인도적 지원이 전달되게 할 것입니다. 이 전쟁은 반드시 종식되어야 합니다. 우리의 약속을 분명히 하기 위해서, 무기판매를 포함해 예멘 전쟁 공격작전에 대한 미국의 모든 지원을 중단할 것입니다.

한편, 사우디아라비아는 이란군에게 무기를 공급받은 여러 나라로부터 미사일 공격과 UAV(무인항공기) 공격 및 위협을 받고 있습니다. 사우디아라비아가 주권과 영토와 국민을 보호하도록 지원하는 일도 동시에 계속해나갈 것입니다. (번역가주- 사우디아라비아가 예멘 공습을 시작하면서 예멘전이 사우디아라비아 vs 이란의 대리전 양상이 되어옴. 바이든 대통령은 이전 정부의 예멘전 지원을 중단하면서도, 사우디아라비아의 주권, 영토, 국민을 보호하겠다고 언급하고 있음)

aid 인도적 지원 | unendurable 견딜 수 없는 | devastation 파괴 | underscore 분명히 보여주다
| offensive operation 공격 작전 | arms sale 무기판매

10-02

We also face a crisis of more than 80 million displaced people suffering all around the world. The United States' moral leadership on refugee issues was a point of bipartisan consensus for so many decades when I first got here. We shined the light of lamp of liberty on oppressed people. We offered safe havens for those fleeing violence or persecution. And our example pushed other nations to open wide their doors as well.

So today, I'm approving an executive order to begin the hard work of restoring our refugee admissions program to help meet the unprecedented global need. It's going to take time to rebuild what has been so badly damaged, but that's precisely what we're going to do.

This executive order will position us to be able to raise the refugee admissions back up to 125,000 persons for the first full fiscal year of the Biden-Harris administration. And I'm directing the State Department to consult with Congress about making a down payment on that commitment as soon as possible.

Check the Vocabulary

displaced 난민의 | **refugee** 난민 | **bipartisan** 초당적 | **consensus** 합의 | **liberty** 자유 |
oppressed 억압받는 | **flee** 도망치다 | **persecution** 박해 | **admission** 입국 | **unprecedented**

전 세계적으로, 8천만 명이 넘는 난민들이 고통을 받고 있습니다. 난민 문제에 대한 미국의 도덕적 리더십은, 제가 여기 처음 왔을 때 수십 년 동안 초당적인 의견 일치가 있었던 부분이었습니다. 우리는 억압받는 사람들에게 자유의 등불을 비췄습니다. 우리는 폭력이나 박해를 피해 도망쳐서 온 사람들에게 안전한 피난처를 제공했습니다. 우리의 모범은 다른 나라들도 난민들에게 활짝 문을 열도록 해주었습니다.

그래서 오늘, 저는 난민 입국 프로그램을 복원하는 힘든 작업에 착수하라는 행정명령에 서명함으로써, 전례 없는 세계적 요구에 부응할 것입니다. 그동안 심하게 손상되었기 때문에 복원하는데 시간이 걸릴 것입니다. 하지만 이것이 우리가 해야 할 일입니다.

바이든-해리스 행정부는 이 행정명령을 통해 난민 수용인원을 연간 12만 5천명까지 늘릴 것입니다. 의회와 협의하여 가능한 한 빨리 첫 단추를 꿸 수 있도록 국무부에 지시하고 있습니다.

And to further repair our moral leadership, I'm also issuing a presidential memo to agencies to reinvigorate our leadership on the LGBTQI issues and do it internationally. You know, we'll ensure diplomacy and foreign assistance are working to promote the rights of those individuals, included by combatting criminalization and protecting LGBTQ, refugees and asylum-seekers.

And finally, to successfully reassert our diplomacy and keep Americans safe, prosperous, and free, we must restore the health and morale of our foreign policy institutions.

I want the people who work in this building and our embassies and consulates around the world to know: I value your expertise and I respect you, and I will have your back.

This administration is going to empower you to do your jobs, not target or politicize you. We want a rigorous debate that brings all perspectives and makes room for dissent. That's how we'll get the best possible policy outcomes.

Check the Vocabulary

presidential memo(memorandum) 대통령 각서 | **reinvigorate** 활성화하다 | **promote** 증진하다 | **combat** 싸우다 | **criminalization** 범죄자로 간주하는 것 | **asylum-seeker** 망명 신청자 |

저는 또한, 도덕적 리더십을 더욱 회복하기 위해, 성소수자(LGBTQI) 문제에 대한 우리의 리더십을 활성화하고 그것을 국제적으로 수행하라는 대통령 각서를 정부기관에 공표할 것입니다. 외교 및 대외 원조를 통해 그들 개개인의 권리를 증진하고자 합니다. 이것의 일환으로, 성소수자와 난민과 망명 신청자를 보호하는 한편, 그들이 범죄자로 간주되는 것에 대항하여 싸울 것입니다.

마지막으로, 우리의 외교를 명확히 하고 국민의 안전, 번영, 자유를 지키기 위해서, 외교정책기관의 건강과 사기가 회복되어야 할 것입니다.

국무부와 전 세계 대사관 및 영사관에서 일하시는 분들에게 말씀드리고 싶습니다. 저는 여러분의 전문성을 소중히 여기고, 여러분을 존경합니다. 제가 여러분의 편이 되어드리겠습니다.

우리 정부는 여러분을 타깃으로 삼거나 정치화하지 않을 것입니다. 여러분의 소임을 다할 수 있도록 힘을 실어줄 것입니다. 우리는 모든 의견이 오가면서 반대의 의견도 받아들이는 엄격한 토론을 원합니다. 그것이 우리가 최상의 정책 결과를 얻는 방법일 테니까요.

So, with your help, the United States will again lead not just by the example of our power but the power of our example. That's why my administration has already taken the important step to live our domestic values at home — our democratic values at home. Within hours of taking office, I signed an executive order overturning the hateful, discriminatory Muslim ban; reversed the ban on transgender individuals serving in our military.

And as part of our commitment to truth, transparency, and accountability, we stated on day one — we started on day one with daily briefings of the press from the White House. We've reinstate- — we've reinstituted regular briefings here at State and at the Pentagon. We believe a free press isn't an adversary; rather, it's essential. A free press is essential to the health of a democracy.

Check the Vocabulary

executive order 행정명령 | **overturn** 뒤집다 | **hateful** 증오에 찬 | **discriminatory** 차별적
인 | **ban** 금지 | **transparency** 투명성 | **accountability** 책임 | **regular briefing** 정례 브리핑 |

여러분의 도움으로, 미국은 힘이 아닌 모범으로 다시 세계를 이끌어갈 것입니다. 우리 정부는 이미, 국내에서 민주주의 가치를 실현하는 중요한 조치들을 취하기 시작했습니다. 취임 후 몇 시간 만에 혐오와 차별로 가득한 무슬림 금지를 뒤집는 행정명령에 서명했고, 트랜스젠더의 군 복무를 재허용했습니다.

우리 정부는 진실과 투명성과 책임을 약속드렸습니다. 그 실천의 일환으로, 우리 정부는 백악관 언론 브리핑으로 첫날을 시작했습니다. 또, 주 정부와 국방부의 정례 브리핑을 재개했습니다. 자유로운 언론은 우리의 적이 아닙니다. 우리에게 꼭 필요한 것입니다. 자유로운 언론은 건강한 민주주의를 이루기 위한 핵심요소입니다. (번역가주－임기 내내 주요 언론에 적대적이었던 트럼프 전 대통령을 염두에 둔 발언으로 볼 수 있음)

Pentagon 미국 국방부 | **free press** 자유언론

SPEECH

11

Remarks by President Biden
on America's Place in the World(4)

'세계 속 미국의 위치' 연설(4)

2021년 2월 4일 미국 국무부 벤저민 프랭클린룸

외교정책과 국내 정책의 연합

외교 정책과 국내 정책 사이에 더 이상 경계가 없다고 말하는 장이다. 바이든 대통령은 외교 정책과 함께 국내 정책을 어떻게 펼쳐나갈지 말하였다. 미국 기업이 세계무대에서 경쟁하고 노동자를 보호하면, 지구상에 미국과 상대할 나라가 없다고 언급하고 있다.

We've restored our commitment to science and to create policies grounded in facts and evidence. I suspect Ben Franklin would approve.

We've taken steps to acknowledge and address systemic racism and the scourge of white supremacy in our own country. Racial equity will not just be an issue for one department in our administration, it has to be the business of the whole of government in all our federal policies and institutions.

All this matters to foreign policy, because when we host the Summit of Democracy early in my administration to rally the nations of the world to defend democracy globally, to push back the authoritarianism's advance, we'll be a much more credible partner because of these efforts to shore up our own foundations.

Check the Vocabulary

approve 지지하다, 찬성하다 | **acknowledge** 인정하다 | **systemic racism** 구조적 인종차별 | **scourge** 끔찍한 | **federal policy** 연방 정책 | **host** 주최하다 | **rally** 규합하다 | **authoritarianism**

우리는 과학에 대한 헌신을 회복하고, 사실과 증거에 기반한 정책을 만들었습니다. 벤 프랭클린도 우리의 방식을 지지할 것으로 생각합니다. (번역가 주- 벤 프랭클린(Benjamin Franklin) : 미국 정치인이자 과학자. 미국 100달러 지폐에 등장할 정도로 존경받는 인물.)

우리는 이 나라의 구조적 인종차별과 끔찍한 백인 우월주의를 인정하고 이를 해결하려는 조치를 취해왔습니다. 인종평등은 특정 부서의 일이 아닌, 모든 연방 정책과 제도를 통해 이뤄지는 정부 전체의 일이 되어야 합니다.

이제까지 말씀드린 모든 것이 외교정책에 정말 중요합니다. 집권 초기 민주주의 정상회의를 주최하고 세계가 민주주의를 수호하도록 규합하면서 권위주의의 진전을 막을 때, 우리의 기반을 다진 이런 노력들이 우리를 더 신뢰할 만한 파트너로 만들 것이기 때문입니다.

권위주의 | **credible** 신뢰할 만한 | **shore up foundation** 기반을 강화하다

There's no longer a bright line between foreign and domestic policy. Every action we take in our conduct abroad, we must take with American working families in mind. Advancing a foreign policy for the middle class demands urgent focus on our domestic economic renewal.

And that's why I immediately put forth the American Rescue Plan to pull us out of this economic crisis. That's why I signed an executive order strengthening our Buy American policies last week. And it's also why I'll work with Congress to make far-reaching investments in research and development in transformable technologies. These investments are going to create jobs, maintain America's competitive edge globally, and ensure all Americans share in the dividends.

If we invest in ourselves and our people, if we fight to ensure that American businesses are positioned to compete and win on the global stage, if the rules of international trade aren't stacked against us, if our workers and intellectual property are protected, then there's no country on Earth — not China or any other country on Earth — that can match us.

Check the Vocabulary

bright 선명한 | **line** 경계 | **domestic** 국내의 | **conduct** 수행하다 | **put forth** 내놓다 | **Buy American policies** 바이아메리칸 정책. 미국산 제품 구매 정책. | **far-reaching** 광범위한 |

외교정책과 국내 정책 사이에는 더 이상 선명한 경계가 존재하지 않습니다. 해외에서 우리가 취하는 모든 행동은 국내의 노동자 가족을 염두에 두고 진행되어야 합니다. 중산층을 위한 외교정책을 추진하려면 시급히 국내 경제를 재건해야 합니다.

그래서 경제위기 탈출안인 미국구조계획(American Rescue Plan)을 즉시 내놓고, 지난주 바이 아메리칸 정책을 강화하는 행정명령에 서명한 것입니다. 또한, 의회와 협력하여 변환 가능한 기술의 연구 및 개발에 광범위한 투자를 하는 것입니다. 투자를 통해 일자리를 창출하고, 미국의 경쟁 우위를 세계적으로 유지하고, 모든 국민에게 골고루 그 이익이 돌아가도록 할 것입니다.

만약 우리가 미국과 우리 국민에 투자한다면, 만약 우리가 미국 기업이 세계무대에서 경쟁하고 이기도록 분투하고, 국제 무역 규칙이 우리에게 불리하게 조작되지 않도록 한다면, 또한 우리의 노동자들과 지적 재산권이 보호된다면, 그렇게 되면, 중국이든 다른 나라든 지구상에 우리와 상대할 수 있는 나라는 없게 될 것입니다.

Check the Vocabulary

transformable 변환 가능한 | **competitive edge** 경쟁 우위 | **dividend** 배당금, 본문에서는 이익으로 해석 | **stack against** ..에 불리하게 조작하다

Investing in our diplomacy isn't something we do just because it's the right thing to do for the world. We do it in order to live in peace, security, and prosperity. We do it because it's in our own naked self-interest.

When we strengthen our alliances, we amplify our power as well as our ability to disrupt threats before they can reach our shores.

When we invest in economic development of countries, we create new markets for our products and reduce the likelihood of instability, violence, and mass migrations.

When we strengthen health systems in far regions of the world, we reduce the risk of future pandemics that can threaten our people and our economy.

When we defend equal rights of people the world over — of women and girls, LGBTQ individuals, indigenous communities, and people with disabilities, the people of every ethnic background and religion — we also ensure that those rights are protected for our own children here in America.

Check the Vocabulary

naked 명백하게 | **self-interest** 자신의 이익 | **strengthen** 강화하다 | **alliance** 동맹 | **amplify** 증폭하다 | **disrupt** 중단시키다 | **likelihood** 가능성 | **instability** 불안정 | **migration** 이주 |

외교에 투자하는 것은 단지 그것이 세계를 위한 일이기 때문이 아닙니다. 우리가 평화와 안전과 번영 속에서 살기 위해 그렇게 하는 것입니다. 명백하게 우리의 이익을 위해서 그렇게 하는 것입니다.

동맹을 강화할 때만이, 위협 요소가 우리 국경에 도달하기 전에 저지하는 능력과 힘을 증폭시킬 수 있습니다.

국가경제개발에 투자할 때만이, 우리 제품이 진출할 새로운 시장을 개척하고 불안정, 폭력, 대량 이주의 가능성을 줄일 수 있습니다.

세계 먼 지역의 보건 시스템을 강화할 때만이, 우리 국민과 우리 경제를 위협하는 미래 전염병을 줄일 수 있습니다.

또한, 여성과 소녀, 성소수자(LGBTQ)와 원주민 사회, 장애인 및 모든 인종과 종교적 배경의 사람들 등 우리가 전 세계 사람들의 평등한 권리를 지킬 때만이, 그 권리가 미국에서 우리 아이들에게 보장되도록 할 수 있는 것입니다.

Check the Vocabulary

threaten 위협하다 | **indigenous community** 원주민 사회 | **ethnic** 인종의

11-04

America cannot afford to be absent any longer on the world stage. I come today to the State Department, an agency as old and as storied as the nation itself, because diplomacy has always been essential to how American — America writes its own destiny.

For the diplomacy of Ben Franklin helped assure the success of our revolution, the vision of the Marshall Plan helped prevent the world from foundering on the wreckage of war, and the passions of Eleanor Roosevelt declared the audacious idea of universal rights that belong to all, the leadership of diplomats of every stripe, doing the daily work of engagement, created the very idea of a free and interconnected world.

We are a country that does big things. American diplomacy makes it happen. And our administration is ready to take up the mantle and lead once again.

Thank you all. And may God bless you and protect our troops, our diplomats, and our development experts, and all Americans serving in harm's way.

Check the Vocabulary

afford ..의 여유가 있다 | **essential** 가장 중요한 | **destiny** 운명 | **revolution** 혁명 | **founder** 좌초하다 | **wreckage** 잔해 | **declare** 선언하다 | **audacious** 대담한 | **stripe** 계급 | **interconnected**

미국은 더 이상 세계무대에서 공백기를 가질 여유가 없습니다. 제가 오늘 이 나라의 역사만큼 오래된 국무부에 온 이유가 그것입니다. 미국의 운명을 써 내려갈 때 항상 외교가 가장 중요했습니다.

벤 프랭클린의 외교가 우리의 혁명을 성공시키고, 마셜 플랜의 비전이 세계가 전쟁의 잔해로 좌초되는 것을 막고, 엘리너 루즈벨트의 열정이 모든 사람에게 속한 보편적 권리를 대담하게 선언한 것에서 보듯, 각계각층 외교관의 리더십이 매일의 임무를 수행하는 가운데, 자유롭고 상호연결된 세계관을 탄생시킨 것입니다.

우리는 큰 일을 해내는 나라입니다. 그것을 가능하게 하는 것이 외교입니다. 그리고 우리 행정부는 다시 한번 주역을 맡아 세계를 이끌 준비가 되어있습니다.

모두 감사드립니다. 우리 군대와 외교관과 개발 전문가와 마지막으로 위험을 무릅쓰고 일하는 모든 국민에게 신의 가호가 함께 하시기를 바랍니다.

SPEECH

12

Remarks by President Biden Before Signing Executive Actions on Tackling Climate Change, Creating Jobs, and Restoring Scientific Integrity(1)

기후변화, 일자리 창출, 과학적 진실성 회복에 대한 행정조치 연설(1)

2021년 1월 27일 백악관 국빈만찬장

기후대응과 경제 성장의 교집합

조 바이든 대통령은 취임 후 첫 한 달 동안 행정명령, 대통령 지침, 포고 등 총 50여 개의 행정조치(Executive Actions)를 취했다. 대통령이 단독으로 정책을 펼칠 수 있는 행정조치를 통해, 역대급으로 공약 실행을 추진했다. 2021년 1월 27일 행해진 행정조치에는 기후변화에 대응하고 일자리를 창출하며 과학적 진실성을 회복하는 내용을 담고 있다.

When we think of climate change, we think of it — this is a case where conscience and convenience cross paths, where dealing with this existential threat to the planet and increasing our economic growth and prosperity are one in the same.

When I think of climate change, I think of — and the answers to it — I think of jobs. A key plank of our Build Back Better Recovery Plan is building a modern, resilient climate infrastructure and clean energy future that will create millions of good-paying union jobs — not 7, 8, 10, 12 dollars an hour, but prevailing wage and benefits.

You know, we can put millions of Americans to work modernizing our water systems, transportation, our energy infrastructure to withstand the impacts of extreme climate. We've already reached a point where we're going to have to live with what it is now. That's going to require a lot of work all by itself, without it getting any worse.

Check the Vocabulary

conscience 양심 | convenience 편익 | key plank 주요항목 | resilient 탄력적인 | good-paying 보수가 좋은 | union jobs 노조 일자리 | prevailing wage 적정임금제(건설노동자에게 적절

우리는 기후변화 문제를 다루면서 양심과 편익을 동시에 취할 수 있습니다. 또한, 우리가 사는 땅에 대한 실존적 위협에 대처하는 동시에, 경제를 성장시키고 번영시킬 수 있습니다.

저는 기후변화에 대한 해결책이 일자리에 있다고 생각합니다. '더 나은 재건 계획(Build Back Better Recovery Plan)'의 주요항목은 현대적이고 탄력적인 기후 인프라와 청정에너지 미래를 구축하여, 수백만 개의 보수 좋은 노조 일자리를 창출하는 것입니다. 시급 7달러, 8달러, 10달러, 12달러짜리가 아닌, 적정임금제와 복지를 갖춘 일자리 말입니다.

이를 통해 수백만 명의 미국인을 고용함으로써, 수도 시스템, 교통, 에너지 인프라가 극한 기후의 영향을 견디도록 할 수 있습니다. 이미 오늘날의 기후 상황에 맞춰살아야 할 지경에 이르렀습니다. 상황이 더 나빠지지 않도록 많은 작업을 해야 할 것입니다.

When we think of renewable energy, we see American manufacturing, American workers racing to lead the global market. We see farmers making American agriculture first in the world to achieve net-zero emissions and gaining new sources of income in the process. And I want to parenthetically thank the Secretary of Agriculture for helping to put together that program during the campaign.

We see small business and master electricians designing, installing, and innovating energy-conserving technologies and building homes and buildings. And we're going to reduce electric consumption and save hundreds of thousands of dollars a year in energy costs in the process.

Check the Vocabulary

renewable energy 재생에너지 | **manufacturing** 제조업에 종사하는 | **emission** 배출 | **income** 수입 | **parenthetically** 덧붙여서 | **the Secretary of Agriculture** 농무부 장관 | **energy-**

재생에너지 분야를 생각할 때, 우리는 미국의 제조업 노동자들이 세계 시장을 주도하기 위해 경쟁하는 모습을 떠올려볼 수 있습니다. 미국의 농부들은 세계 최초로 탄소중립(Net Zero · 넷제로) 배출을 달성하고 새로운 수입원을 얻는 미국식 농업을 하게 될 것입니다. 선거기간 동안 이 프로그램을 구성하는 데 도움을 주신 농무부 장관에게 덧붙여 감사드립니다.

우리는 또한, 에너지 절약 기술을 설계, 설치, 혁신하고 주택 및 건물을 짓는 중소기업과 전기기술자의 모습도 떠올려 볼 수 있습니다. 그 과정에서, 전력 소비 및 연간 수십만 달러의 에너지 비용을 절감하게 될 것입니다.

conserving 에너지 절약 | **electric consumption** 전력 소비 | **energy cost** 에너지 비용

And when the previous administration reversed the Obama-Biden vehicle standard and picked Big Oil companies over American workers, the Biden-Harris administration will not only bring those standards back, we'll set new, ambitious ones that our workers are ready to meet.

We see these workers building new buildings, installing 500,000 new electric vehicle charging stations across the country as we modernize our highway systems to adapt to the changes that have already taken place. We see American consumers switching to electric vehicles through rebates and incentives, and the residents of our cities and towns breathing cleaner air, and fewer kids living with asthma and dying from it.

And not only that, the federal government owns and maintains an enormous fleet of vehicles, as you all know. With today's executive order, combined with the Buy American executive order I signed on Monday, we're going to harness the purchasing power of the federal government to buy clean, zero-emission vehicles that are made and sourced by union workers right here in America.

Check the Vocabulary

previous administration 이전 행정부 | **vehicle standard** 차량표준 | **electric vehicle charging station** 전기자동차 충전소 | **switch** 바꾸다 | **resident** 주민 | **asthma** 천식 | **die from**

이전 행정부는 오바마-바이든 행정부가 만든 차량 표준을 뒤집고 미국 노동자 대신 거대 석유회사를 선택했습니다. 바이든-해리스 행정부는 차량 표준을 되돌릴 뿐 아니라, 노동자들이 맞출 수 있는 새롭고 야심찬 표준을 세울 것입니다.

차량환경의 변화에 따라 고속도로 시스템을 현대화하면서, 새로운 건물을 짓고 새로운 전기자동차 충전소를 전국에 50만 개 설치하는 노동자의 모습도 떠올려 보십시오. 미국 소비자들은 가격할인과 세제 혜택을 받으면서 전기차로 전환하게 될 것입니다. 도시와 마을의 주민들은 전보다 깨끗한 공기를 마시게 되고, 천식으로 고통받거나 죽어가는 아이들은 줄어들게 될 것입니다.

그뿐만이 아닙니다. 아시다시피 연방정부는 엄청난 양의 차량을 소유하고 있습니다. 오늘의 행정명령과 월요일에 서명한 '바이 아메리칸' 행정명령을 통해서, 연방 정부의 구매력을 이용하여 미국 노조가 만들고 공급하는 청정무공해 차량을 구매하도록 할 것입니다.

Check the Vocabulary

..으로 죽다 (dying은 die의 현재분사형) | **enormous fleet of vehicles** 엄청난 양의 차량 | **harness** 이용하다

With everything I just mentioned, this will mean one million new jobs in the American automobile industry. One million. And we'll do another thing: We'll take steps towards my goal of achieving 100 percent carbon-pollution-free electric sector by 2035. Transforming the American electric sector to produce power without carbon pollution will be a tremendous spur to job creation and economic competitiveness in the 21st century, not to mention the benefits to our health and to our environment.

Check the Vocabulary

mention 언급하다 | **automobile industry** 자동차 산업 | **carbon-pollution-free** 무탄소의 | **tremendous** 엄청난 | **spur** 박차

앞서 말씀드린 정책을 통해서, 백만 개의 새로운 일자리가 미국 자동차 산업에서 창출될 것입니다. 무려 백만 개가 말입니다. 우리 정부는 또, 2035년까지 전력을 100% 무탄소로 생산하는 목표를 가지고 있습니다. 탄소 오염 없이 전력이 생산되도록 미국 전력부문을 변화시킴으로써, 우리의 보건과 환경을 개선하고, 나아가 21세기의 일자리 창출과 경제적 경쟁력에 엄청난 박차를 가할 것입니다.

SPEECH

13

Remarks by President Biden Before Signing Executive Actions on Tackling Climate Change, Creating Jobs, and Restoring Scientific Integrity(2)

기후변화, 일자리 창출, 과학적 진실성 회복에 대한 행정조치 연설(2)

2021년 1월 27일 백악관 국빈만찬장

청정에너지와 일자리 창출

새로운 에너지 정책을 소개하는 장이다. 바이든 대통령은 청정에너지 기술을 혁신하여 세계에 수출하는 한편, 국내의 버려진 유정을 막아 일자리를 창출할 것이라고 말했다. 이러한 투자를 통해 기후위기에 대응하고 경제를 살릴 것이라고 언급하고 있다.

13-01

Already, 84 percent of all new electric capacity planned to come onto the electric grid this year is clean energy. Clean energy. Why? Because it's affordable; because it's clean; because, in many cases, it's cheaper. And it's the way we're keeping up — they're keeping up.

We're going to need scientists, the national labs, land-grant universities, historical black colleges and universities to innovate the technologies needed to generate, store, and transmit clean electric — clean electricity across distances, and battery technology, and a whole range of other things. We need engineers to design them and workers to manufacture them. We need iron workers and welders to install them.

Technologies they invent, design, and build will ultimately become cheaper than any other kind of energy, helping us dramatically expand our economy and create more jobs with a cleaner, cleaner environment. And we'll become the world's largest exporter of those technologies, creating even more jobs.

올해 전기 공급망에 도입될 예정인 새로운 전기 용량의 84%가 청정에너지입니다. 왜 청정에너지일까요? 저렴하기 때문입니다. 깨끗하기 때문입니다. 많은 경우 가격이 더 저렴하기 때문에 청정에너지를 선택합니다. 이런 방식으로 청정에너지가 (전통 에너지를) 따라잡게 되는 것입니다.

과학자, 국립 연구소, 랜드그랜트 대학(번역가 주– 각 주가 지정한 미국 고등교육시설), 역사적인 흑인 대학을 포함한 대학이 필요하게 될 것입니다. 원거리에서 청정전력을 생산, 저장하고 전송하는 데 필요한 기술과 배터리 기술 및 그 외 기술들을 혁신하기 위해서입니다. 기술을 설계하는 엔지니어와 제조하는 노동자, 또, 그것을 설치할 철공과 용접공도 필요하게 될 것입니다.

그들이 발명하고, 설계하고, 구축하는 기술은 궁극적으로 다른 어떤 종류의 에너지보다 저렴할 것입니다. 그것을 통해 우리 경제가 급격하게 확장되면서, 일자리가 증가하고 환경이 깨끗해질 것입니다. 그리고 미국은 이 기술들의 세계 최대 수출국이 되어 더 많은 일자리를 창출하게 될 것입니다.

Check the Vocabulary

치하다 | **dramatically** 급격하게 | **exporter** 수출국

13-02

You know, we are also — we're going to build 1.5 million new energy-efficient homes and public housing units that are going to benefit communities three times over: one, by alleviating the affordable housing crisis; two, by increasing energy efficiency; and, three, by reducing the racial wealth gap linked to home ownership.

We're also going to create more than a quarter million jobs to do things like plug the millions of abandoned oil and gas wells that pose an ongoing threat to the health and safety of our communities. They're abandoned wells that are open now, and we're going to put people to work.

They're not going to lose jobs in these areas; they're going to create jobs. They're going to get prevailing wage to cap those over a million wells. These aren't pie-in-the-sky dreams. These are concrete, actionable solutions, and we know how to do this.

Check the Vocabulary

energy-efficient home 에너지 효율 주택 | **benefit** 이익을 얻다 | **alleviate** 완화하다 | **energy efficiency** 에너지 효율 | **wealth gap** 부의 격차 | **home ownership** 자택소유 | **a quarter**

우리는 150만 채의 새로운 에너지 효율 주택과 공공주택을 건설하여 지역사회에 세배 이상의 혜택을 제공할 것입니다. 구체적으로 첫째, 저렴한 주택 위기(affordable housing crisis)를 완화할 것이고(번역가 주- 저렴한 주택 위기: 도시 지역의 집값이 높아 집을 사기 어려운 위기를 뜻함) 둘째, 에너지 효율을 높일 것이며 마지막으로, 자택 소유를 둘러싼 인종 간 부의 격차(racial wealth gap)를 줄일 것입니다.(번역가 주- 인종 간 부의 격차: 과거에 백인이 흑인보다 집을 사기 쉬웠고, 그 결과 오늘날 백인이 더 많은 부를 소유하게 됨)

우리는 또한 25만 개 이상의 일자리를 창출하여, 지역사회의 건강과 안전을 지속적으로 위협하는 수백만 개의 버려진 유정과 가스정을 막을 것입니다. 개봉된 채 버려져 있는 유정을 막는 일에 사람들이 투입될 것입니다.

일자리가 없어지는 것이 아니라 새로 만들어지는 것입니다. 100만 개가 넘는 우물들을 막으면서 적정 임금을 받게 되는 것입니다. 이는 허황된 이상이 아닙니다. 구체적이고 실행 가능한 해결책입니다. 그리고 우리는 그것을 어떻게 실행해야 할지 알고 있습니다.

Check the Vocabulary

million 25만 (100만의 4분의 1) | **plug** 막다 | **abandoned** 버려진 | **ongoing** 계속하는 | **pie-in-the-sky** 허황된 | **concrete** 구체적인

The Obama-Biden administration reduced the auto industry — rescued the auto industry and helped them retool. We need solar energy cost-competitive with traditional energy, weatherizing more — we made them cost-competitive, weatherizing more than a million homes. The Recovery Act of our administration (— the last admin- — our admin-) the Democratic administration made record clean energy investments: $90 billion. The President asked me to make sure how that money was spent, on everything from smart grid systems to clean energy manufacturing. Now, the Biden-Harris administration is going to do it again and go beyond.

The executive order I'll be signing establishes a White House Office of Domestic Climate Policy. And it'll be led by one of America's most distinguished climate leaders, former EPA Director Gina McCarthy. As the head of the new office and my National Climate Advisor, Gina will chair a National Climate Task Force, made up of many members of our Cabinet, to deliver a whole-of-government approach to the climate crisis.

Check the Vocabulary

auto industry 자동차 산업 | **rescue** 구조하다 | **retool** 공장 기계 공구를 갈다 | **cost-competitive** 가격 경쟁력이 있는 | **weatherize** 추운 기후로부터 보호하다 | **record** 기록적인 |

오바마-바이든 행정부는 자동차 산업을 회생시켰고 그들이 재정비할 수 있도록 도왔습니다. 또한, 전통 에너지보다 가격 경쟁력이 있으면서 100만 가구 이상을 추위로부터 보호할 태양에너지가 필요할 때, 경기부양책(The Recovery Act)을 통해 900억 달러라는 기록적인 금액을 청정에너지에 투자했습니다. 그때 저의 역할은 스마트 그리드 시스템부터 청정에너지 제조에 이르는 모든 분야에 재정이 어떻게 투입되는지 살피는 것이었습니다. 이제 저는 바이든-해리스 행정부에서 그것을 넘어서는 정책을 펼칠 것입니다.

오늘 저는 행정명령에 서명하여 백악관 국내 기후정책 사무소(White House Office of Domestic Climate Policy)를 설립할 것입니다. 미국의 가장 뛰어난 기후 리더 중 한 명인 지나 맥카시 전 환경보호국(EPA) 국장이 사무소를 이끌게 됩니다. 새 사무실의 수장이자 국가기후고문으로서, 지나는 우리 내각의 많은 구성원으로 구성된 국가기후대책위원회(National Climate Task Force)의 의장을 맡아 범정부 차원의 기후위기대응 정책을 수립할 것입니다.

Check the Vocabulary

establish 설립하다 | **distinguished** 뛰어난 | **former** 전의 | **chair** 의장직을 맡다 | **Cabinet** 내각

13-04

This is not — it's not time for small measures; we need to be bold. So, let me be clear: That includes helping revitalize the economies of coal, oil, and gas, and power plant communities.

We have to start by creating new, good-paying jobs, capping those abandoned wells, reclaiming mines, turning old brownfield sites into new hubs of economic growth, creating new, good-paying jobs in those communities where those workers live because they helped build this country.

We're never going to forget the men and women who dug the coal and built the nation. We're going to do right by them and make sure they have opportunities to keep building the nation and their own communities and getting paid well for it.

While the whole-of-government approach is necessary, though, it's not sufficient. We're going to work with mayors and governors and tribal leaders and business leaders who are stepping up, and the young people organizing and leading the way. My message to those young people is: You have the full capacity and power of the federal government. Your government is going to work with you.

지금은 소극적인 조치를 취할 때가 아닙니다. 대담해질 필요가 있습니다. 확실하게 말씀드리건대, 우리의 정책은 석탄, 석유, 가스, 발전소 지역사회의 경제를 활성화할 것입니다.

보수가 좋은 새로운 일자리 창출부터 시작해야 합니다. 버려진 우물을 덮고, 광산을 개간하고, 오래된 재개발부지를 경제 성장의 새로운 중심지로 만들면서, 노동자가 사는 지역에 보수 좋은 일자리를 창출해야 합니다. 그들이 이 나라의 건설을 도왔기 때문입니다.

석탄을 캐서 이 나라를 건설한 이들을 결코 잊지 않을 것입니다. 그들이 계속해서 국가와 그들이 사는 지역사회를 건설하면서, 그에 대한 보수를 충분히 받도록 도울 것입니다.

정부 차원의 접근만으로는 충분하지 않습니다. 시장, 주지사, 부족 지도자, 도약하는 비즈니스 리더, 조직하고 이끄는 젊은 세대들과 함께 일할 것입니다. 젊은 세대에게 말씀드립니다. 여러분은 연방정부의 모든 능력과 권한을 가지고 있습니다. 우리 정부는 여러분과 함께 일할 것입니다.

Check the Vocabulary

sufficient 충분한 | **mayor** 시장 | **governor** 주지사 | **capacity** 능력

SPEECH
14

Remarks by President Biden Before Signing Executive Actions on Tackling Climate Change, Creating Jobs, and Restoring Scientific Integrity(3)

기후변화, 일자리 창출, 과학적 진실성 회복에 대한 행정조치 연설(3)

2021년 1월 27일 백악관 국빈만찬장

석유임대 중단, 환경 정의 실현, 국가 안보 통합

기후변화에 대응하는 국내 정책과 외교 정책을 소개하는 장이다. 바이든 대통령은 프
래킹을 금지하지는 않지만 석유 임대는 중단할 것이라고 말했다. 또, 환경파괴의 영
향을 많이 받은 지역을 지원하겠다고 말했다. 한편으로, 파리기후협약을 강화하여 기
후변화의 위기를 국가안보로 통합하겠다는 입장을 밝히고 있다.

14-01

Now, today's executive order also directs the Secretary of the Interior to stop issuing new oil and gas leases on public lands and offshore waters, wherever possible. We're going to review and reset the oil and gas leasing program. Like the previous administration, we'll start to properly manage — unlike it, we're going to start to properly manage lands and waterways in ways that allow us to protect, preserve them — the full value that they provide for us for future generations.

Let me be clear, and I know this always comes up: We're not going to ban fracking. We'll protect jobs and grow jobs, including through stronger standards, like controls from methane leaks, and union workers in — willing to install the changes.

또한, 내무부 장관에게 가능하면 공유지와 해안에서 진행해온 새로운 석유 및 가스 임대를 중단하라고 행정명령을 통해 지시할 것입니다. 우리는 석유와 가스 임대 프로그램을 검토하고 재설정할 계획입니다. 이전 정부와는 달리, 땅과 수로를 올바르게 보호하고 보존하는 방식으로 관리할 것입니다. 모든 가치를 보존하여 미래 세대에게 전수할 것입니다.

프랙킹(셰일가스를 시추하는 기술)을 금지하는 것이 아닌가 하는 목소리가 있습니다. 분명하게 말씀드립니다. 우리는 프랙킹을 금지하지 않을 것입니다. 메탄 누출과 같은 안전 기준을 개선함으로써 일자리를 보호하고, 안전 기준 장비를 설치할 노조원을 고용함으로써 일자리를 더 창출해 낼 것입니다.

Check the Vocabulary

| future generation 미래세대 | ban 금지하다 | methane leak 메탄 누출 | union worker 노조원

141

14-02

Unlike previous administrations, I don't think the federal government should give handouts to big oil to the tune of $40 billion in fossil fuel subsidies. And I'm going to be going to the Congress asking them to eliminate those subsidies. We're going to take money and invest it in clean energy jobs in America — millions of jobs in wind, solar, and carbon capture.

In fact, today's actions are going to help us increase renewable energy production from offshore wind and meet our obligation to be good stewards of our public lands. It establishes a new, modern-day Civilian Climate Corps — that I called for when I was campaigning — to heal our public lands and make us less vulnerable to wildfires and floods.

Check the Vocabulary

handout 정부 지원금(못마땅한 뉘앙스를 가짐) | **fossil fuel subsidy** 화석연료 보조금 | **eliminate** 없애다 | **carbon capture** 탄소포획 | **production** 생산 | **offshore wind** 해상 풍력 | **steward** 관

이전 정부와 달리, 저는 연방정부가 거대 석유 기업에 400억 달러의 화석연료 보조금을 주어선 안 된다고 생각합니다. 의회에 그 보조금들을 없애 달라고 요청할 것입니다. 그 돈을 미국의 청정에너지 일자리에 투자할 것입니다. 풍력, 태양열, 탄소 포획 분야의 수백만 개 일자리에 말입니다.

사실상 오늘의 조치를 통해, 해상 풍력을 이용한 재생에너지 생산을 늘리는 한편, 공유지를 잘 관리해야 할 우리의 의무를 다하게 될 것입니다. 이번 조치로, 선거기간에 말씀드렸던 새로운 현대 민간기후봉사단(Civilian Climate Corps)을 설립하여 공유지를 치유하는 한편, 공유지가 산불과 홍수에 덜 취약해지도록 할 것입니다.

리인 | **vulnerable** 취약한 | **wildfire** 산불

Look, this executive order I'm signing today also makes it official that climate change will be at the center of our national security and foreign policy. As Secretary Kerry — as our Special Presidential Envoy for Climate — with him, the world knows how serious I am about one of America's — by appointing one of America's most distinguished statesmen and one of my closest friends, speaking for America on one of the most pressing threats of our time. John was instrumental in negotiating the Paris Climate Agreement that we started to — that we rejoined — this administration rejoined on day one, as I promised.

And today's executive order will help strengthen that commitment by working with other nations to support the most vulnerable to the impact of climate change and to increase our collective resilience. That includes a summit of world leaders that I'll convene to address this climate crisis on Earth Day, this year. In order to establish a new effort to integrate the security implications of climate change as part of our national security, a risk assessment and analysis will also be included.

Check the Vocabulary

official 공식의 | **statesmen** 정치인들 | **pressing** 시급한 | **instrumental** 주된 역할을 하는 | **collective resilience** 집단적 회복력 | **summit** 정상회담 | **convene** 소집하다 | **integrate** 통합하

오늘 서명하는 이 행정명령은 기후변화가 우리의 안보와 외교정책의 중심에 있다는 것을 공식적으로 의미하는 것입니다. 미국의 가장 뛰어난 정치인이자 저의 가장 가까운 친구인 (존) 케리 장관을 기후변화 특사로 임명하고, 미국의 가장 시급한 위협을 대변하게 함으로써, 세계는 제가 기후위기 의제를 얼마나 중대하게 다루는지 알게 되었을 것입니다. 우리 행정부가 약속대로 취임 첫날 파리기후변화협약에 재가입했을 때, 협정을 협상하는 데 존이 주된 역할을 하였습니다.

오늘의 행정명령을 통해서, (파리기후협약에서 한) 약속을 다른 나라들과 협력하여 강화하고자 합니다. 기후변화의 영향에 가장 취약한 사람들을 지원하고, 우리의 집단 회복력을 키울 것이며, 올해 지구의 날에 세계정상회담을 소집하여 기후위기논의를 추진할 것입니다. 또한, 기후변화의 안보적 의미를 국가안보의 부분으로 통합하는 새로운 노력을 수립하기 위해, 위험평가와 분석을 수행하는 방안을 (행정명령에) 포함할 것입니다.

다 | **risk assessment** 위험평가

14-04

With this executive order, environmental justice will be at the center of all we do addressing the disproportionate health and environmental and economic impacts on communities of color — so-called "fenceline communities" — especially those communities — brown, black, Native American, poor whites. It's hard — the hard-hit areas like Cancer Alley in Louisiana, or the Route 9 corridor in the state of Delaware.

That's why we're going to work to make sure that they receive 40 percent of the benefits of key federal investments in clean energy, clean water, and wastewater infrastructure. Lifting up these communities makes us all stronger as a nation and increases the health of everybody.

Check the Vocabulary

environmental justice 환경 정의 | disproportionate 불균형의 | hard-hit 심한 타격을 입은 | wastewater 폐수

또한, 이 행정명령을 통해 브라운,(번역가주- 피부색이 갈색인 인종을 의미한다. 히스패닉, 인도, 아랍권 등
이 포함된다), 흑인, 원주민, 가난한 백인 등 소위 "펜스라인 공동체"로 불리는 유색 인종
커뮤니티의 불균형한 건강과 환경적 경제적 타격을 해결하여, 환경 정의(justice)를
실현할 것입니다. 루이지애나 암의 골목(Cancer Alley)(번역가 주- 미국에서 원유 생산량이 가장 많
은 곳. 최근 암 환자가 많이 발생해 '암의 골목'으로 불림)이나 델라웨어주 9번 도로 주변(번역가 주- 산업으로 인
한 토양과 대기오염이 문제가 되는 곳)처럼 심한 타격을 입은 곳에 초점이 맞춰질 것입니다.

우리는 그들이 주요 연방 정부가 청정에너지, 깨끗한 물, 폐수 인프라에 투자하여 얻
는 이익의 40%를 받도록 노력하고 있습니다. 이들이 속한 지역사회를 일으켜 세울
때, 미국이 더 강한 나라가 되고 모두의 건강이 증진될 것입니다.

Remarks by President Biden Before Signing Executive Actions on Tackling Climate Change, Creating Jobs, and Restoring Scientific Integrity(4)

기후변화, 일자리 창출, 과학적 진실성 회복에 대한 행정조치 연설(4)

2021년 1월 27일 백악관 국빈만찬장

미국 과학자들의 임무

미국 과학자들의 역할을 강조하는 장이다. 바이든 대통령은 과학에 귀 기울이면서 기후위기에 대응할 것이라고 말하였다. 바이든 정부의 과학기술자문위원회를 설립하고, 과학자들이 정치적 간섭 없이 자유롭게 연구하도록 보장하겠다고 언급하고 있다.

🎧 15-01

Finally, as with our fight against COVID-19, we will listen to the science and protect the integrity of our federal response to the climate crisis.

Earlier this month, I nominated Dr. Eric Lander, a brilliant scientist who is here today, to be the Director of the Office of Science and Technology. I also nominated another brilliant scientist, Dr. Frances Arnold and Dr. Maria Zuber, to co-chair the President's Council of Advisors on Science and Technology — so-called "PCAST" — that President Eisenhower started six weeks after the launch of Sputnik.

It's a team of America's top scientists charged with asking the most American of questions: "What next? What's the next big breakthrough?" And then helping us make the impossible possible.

Check the Vocabulary

integrity 진실성 | **nominate** 임명하다 | **brilliant** 뛰어난 | **Director of the Office of Science and Technology** 과학기술국장 | **co-chair** 공동위원장 | **President's Council of Advisors on**

150

마지막으로, 우리는 코로나19에 대응하는 방식과 마찬가지로 과학에 귀를 기울이면서 기후위기에 대한 연방정부의 진실한 대응을 보호할 것입니다.

이달 초, 저는 오늘 이 자리에 계신 뛰어난 과학자 에릭 랜더 박사를 과학기술국장으로 임명했습니다. 또 다른 훌륭한 과학자 프란체스 아놀드 박사와 마리아 주버 박사는 대통령 과학기술자문위원회(PCAST)의 공동위원장으로 임명했습니다. 과학기술자문위원회는 아이젠하워 대통령이 스푸트니크(번역가 주– 옛 소련이 인류 최초로 쏘아올린 인공위성 이름) 발사 6주 만에 출범시킨 기구입니다.

미국 최고 과학자들로 구성된 이들에게 주어진 임무는 가장 미국적인 질문을 던지는 것입니다. "다음은 무엇일까요? 그다음 돌파구는 무엇일까요?" 그리고 우리를 도와 불가능을 가능으로 만드는 것입니다.

Today, I'm signing a presidential memorandum making it clear that we will protect our world-class scientists from political interference and ensure they can think, research, and speak freely and directly to me, the Vice President, and the American people.

To summarize, this executive order — it's about jobs — good-paying union jobs. It's about workers building our economy back better than before. It's a whole-of-government approach to put climate change at the center of our domestic, national security, and foreign policy. It's advancing conservation; revitalizing communities and cities and on the farmlands; and securing environmental justice.

Our plans are ambitious, but we are America. We're bold. We are unwavering in the pursuit of jobs and innovation, science and discovery. We can do this, we must do this, and we will do this.

Check the Vocabulary

world-class 세계적 수준 | **interference** 간섭 | **research** 연구하다 | **speak freely** 자유롭게 말하다 | **Vice President** 부통령 | **summarize** 요약하여 말하다 | **advance** 진전시키다 |

오늘 저는 대통령 각서에 서명함으로써, 세계적 수준의 과학자들이 정치적 간섭 없이 생각하고 연구하도록 할 것입니다. 또한, 저와 부통령 및 미국 국민에게 자유롭고 직접적으로 말할 수 있도록 할 것입니다.

정리해서 말씀드리자면, 이 행정명령은 노조에게 좋은 보수의 일자리를 제공하는 것입니다. 노동자들이 더 나은 경제를 재건하도록 하는 것입니다. 기후변화를 국가안보와 외교정책의 중심에 두기 위해 정부 차원에서 접근하는 것입니다. 지역사회와 도시 및 농지에 활력을 불어넣고 환경 정의(justice)를 확보함으로써, 환경 보존을 진전시키고자 하는 것입니다.

우리의 계획이 야심찹니다. 이것이 미국의 대담함입니다. 일자리와 혁신, 과학과 새로운 발견을 흔들림 없이 추구해나갈 것입니다. 우리는 할 수 있습니다. 해야만 하는 일입니다. 우리는 해낼 것입니다.

I'm now going to sign the executive order to meet the climate crisis with American jobs and American ingenuity. And I want to thank you all. I'm going to go over and sign that now.

The first order I'm signing is tackling the climate crisis at home and abroad.

This next one: Restoring trust in government through science and integrity and evidence-based policy making.

And this last one is the President's Council of Advisors on Science and Technology established.

I thank you all for your time.

이제 미국의 일자리와 독창성으로 이 기후위기에 대응하기 위한 행정명령에 서명하겠습니다. 여러분 모두 감사드립니다. 지금 검토하고 서명하겠습니다.

첫 번째로 서명하는 명령은 국내외 기후 위기에 맞서는 것입니다.

다음으로 과학과 진실성과 증거 기반의 정책을 통해 정부에 대한 신뢰를 회복하는 것에 서명하겠습니다.

마지막으로, 바이든 정부의 대통령 과학기술 자문위원회 설립에 서명하겠습니다.

모두 시간 내주셔서 감사합니다.

SPEECH

16

Remarks by President Biden
at Signing of an Executive Order
on Racial Equity(1)

인종평등에 관한 행정명령 연설(1)

2021년 1월 26일 백악관 국빈만찬장

미국을 바꾼 8분 46초

바이든의 취임 초기 정책의 상당수가 이전 트럼프 행정부의 정책을 뒤집고 있다. 인종평등도 그중에 하나다. 다양한 인종으로 내각을 구성한 바이든 행정부는 반이민 정책을 펼친 트럼프 행정부와 달리, 백인 우월주의와 구조적 인종차별에 맞서겠다며 여러 정책을 펼치고 있다. 본 연설은 바이든 대통령이 어떤 구조적 인종차별에 주목하고 있고, 그것을 어떻게 해결해나갈지를 담고 있다.

Good afternoon, folks. I thank the Vice President for being with me today as well. In my campaign for President, I made it very clear that the moment had arrived as a nation where we face deep racial inequities in America and systemic racism that has plagued our nation for far, far too long. I said it over the course of the past year that the blinders had been taken come off the nation of the American people. What many Americans didn't see, or had simply refused to see, couldn't be ignored any longer.

Those 8 minutes and 46 seconds that took George Floyd's life opened the eyes of millions of Americans and millions of people around — all over the world. It was the knee on the neck of justice, and it wouldn't be forgotten. It stirred the conscience of tens of millions of Americans, and, in my view, it marked a turning point in this country's attitude toward racial justice.

Check the Vocabulary

folks 여러분 | **racial inequity** 인종차별 | **plague** 괴롭히다 | **blinder** 시각을 가리는 것 | **refuse** 거절하다 | **ignore** 간과하다 | **any longer** 더 이상 | **knee** 무릎 | **stir** 흔들다 | **conscience** 양심 |

안녕하세요, 여러분. 오늘도 함께 해 주신 부통령님께 감사드립니다. 저는 선거기간 동안, 미국을 오랫동안 괴롭혀온 뿌리 깊고 구조적인 인종차별에 맞설 때가 되었다고 말씀드렸습니다. 작년 한 해 동안 말씀드린 것처럼, 우리 국민이 진실에 눈을 뜨기 시작했습니다. 많은 국민이 보지 않거나 보기를 거부해 왔던 이 문제를 더 이상 간과할 수 없게 된 것입니다.

조지 플로이드의 목숨을 앗아간 8분 46초(번역가주-백인 경찰이 흑인 남성 조지 플로이드의 목을 눌러 사망에 이르게 한 시간)는 수백만의 미국인과 전 세계 사람들로 하여금 깨닫게 했습니다. 무릎으로 짓눌려진 것은 정의였으며 그 사건은 결코 잊혀질 수 없다는 것을 말입니다. 조지 플로이드 사건은 수천만의 미국인의 양심을 흔들었고, 이 나라가 인종적 정의를 대하는 태도에 전환점이 되었습니다.

When his six-year-old daughter, Gianna, who I met with when I met with the family — I leaned down to say hi to her, and she said — looked at me, and she said, "Daddy changed the world." That's what Gianna said — his daughter. "Daddy changed the world." And I believe she is right, not because this kind of injustice stopped — it clearly hasn't — but because the ground has shifted, because it's changed minds and mindsets, because it laid the groundwork for progress.

COVID-19 has further ripped a path of destruction through every community in America, but no one has been spared, but the devastation in communities of color has been nothing short of stunning. Just look at the numbers: 40 percent of frontline workers — nurses, first responders, grocery store workers — are Americans of color, and many are still living on the edge.

One in ten black Americans is out of work today. One in eleven Latino Americans is out of work today. One in seven households in America — about one in four black, one in five Latino households in America — report that they don't have enough food to eat in the United States of America.

lean down 몸을 아래로 굽히다 | **injustice** 불의 | **ground** 사고 | **shift** 바뀌다 | **mindset** 태도 | **lay the groundwork for** ..의 기반이 마련되다(laid는 lay의 과거형) | **progress** 전진 |

플로이드의 가족과 그의 6살 딸 지아나를 만난 적이 있습니다. 몸을 구부려 인사했을 때 지아나가 저를 바라보면서 말했습니다. "우리 아빠가 세상을 바꿨어요." 그것이 지아나가 한 말입니다. "우리 아빠가 세상을 바꿨어요." 아이의 말이 맞습니다. 불의가 멈춰졌기 때문이 아닙니다. 불의는 여전히 있습니다. (지아나의 말이 맞는 이유는) 사람들의 사고가 바뀌었기 때문입니다. 사람들의 마음과 태도가 바뀌면서 앞으로 전진할 수 있는 기반이 마련되었기 때문입니다.

코로나19로 인해 미국의 모든 지역사회가 타격을 입었습니다. 아무도 이를 피하지 못했습니다. 하지만 유색 인종 사회가 입은 타격은 너무나 충격적입니다. 수치를 한번 보십시오. 간호사, 구조대원, 식료품점 종사자와 같은 일선 노동자의 40%가 유색인종인데, 이들은 여전히 힘겹게 생계를 잇고 있습니다.

흑인 10명 중 1명이, 라틴계 11명 중 1명이 실직 상태입니다. 또한, 미국에서의 7가구 중 한 가구가 먹을 것이 충분하지 않다고 보고되고 있습니다. 흑인 가구는 4가구 중 한 가구가 먹을 것이 부족하고, 라틴계 가구는 5가구 중 한 가구가 먹을 것이 부족합니다.

Black and Latino Americans are dying of COVID-19 at rates nearly three times that of white Americans. And it's not white Americans' fault, but it's just a fact. And the Americans now know it, especially younger Americans.

One of the reasons I'm so optimistic about this nation is that today's generation of young Americans is the most progressive, thoughtful, inclusive generation that America has ever seen. And they are pulling us toward justice in so many ways, forcing us to confront the huge gap in economi- excuse me, economic inequity between those at the top and everyone else, forcing us to confront the existential crisis of climate; and, yes, forcing us to confront systemic racism and white supremacy.

It's just been weeks since all of America witnessed a group of thugs, insurrectionists, political extremists, and white supremacists violently attack the Capitol of our democracy. And so now — now is the time to act. It's time to act because that's what the faith and morality calls us to do.

흑인과 라틴계 미국인이 코로나19로 사망하는 비율이 백인보다 거의 세 배가 높습니다. 백인들의 잘못은 아니지만, 그것이 현실입니다. 그리고 이제 미국인들, 특히 젊은이들이 그 사실을 알고 있습니다.

저는 이 나라에 대해 매우 낙관합니다. 오늘날의 젊은 세대가 이제까지 미국이 본 세대 중 가장 진보적이고 사려 깊으며 포용적이기 때문입니다. 그들은 많은 방법을 통해 우리를 정의로 이끌고 있습니다. 우리로 하여금 거대한 빈부격차에 맞서게 하고, 현존하는 기후 위기에 맞서게 하고 있습니다. 그리고 맞습니다. 우리로 하여금 구조적 인종차별과 백인 우월주의에 맞서게 하고 있습니다.

폭력배, 폭도, 정치적 극단주의자, 백인 우월주의자들이 민주주의의 중심을 폭력적으로 공격하는 것을 목격한 지 몇 주가 지났습니다(번역가주- 친트럼프 시위대의 의사당 난입 사건을 의미함). 이제 행동할 때입니다. 우리에게 주어진 믿음과 도덕을 실현할 때입니다.

Check the Vocabulary

political extremist 정치적 극단주의자

16-04

Across nearly every faith, the same principles hold: We're all God's children; we should treat each other as we would like to be treated ourselves. And this is time to act — and this time to act is because it's what the core values of this nation call us to do. And I believe the vast majority of Americans — Democrats, Republicans, and independents — share these values and want us to act as well.

We have never fully lived up to the founding principles of this nation, to state the obvious, that all people are created equal and have a right to be treated equally throughout their lives. And it's time to act now, not only because it's the right thing to do, but because if we do, we'll all be better off for it.

For too long, we've allowed a narrow, cramped view of the promise of this nation to fester. You know, we've — we've bought the view that America is a zero-sum game in many cases: "If you succeed, I fail." "If you get ahead, I fall behind." "If you get the job, I lose mine." Maybe worst of all, "If I hold you down, I lift myself up."

principle 원리 | **treat** 대접하다 | **core** 중요한 | **the vast majority** 대다수 | **founding principle** 건국이념 | **create** 창조하다 | **equal** 평등한 | **right** 권리 | **throughout** ..동안 | **better off** 형편이

거의 모든 신앙에 적용되는 원리가 있습니다. 우리 모두가 하나님의 자녀라는 것입니다. 대접받고자 하는 대로 남을 대접해야 한다는 것입니다. 이제 그 믿음을 실행에 옮겨야 합니다. 그것이 우리가 실현해야 할 이 나라의 핵심 가치이기 때문입니다. 민주당, 공화당, 무소속 할 것 없이 이 가치를 공유하는 대다수 국민이 우리가 행동하기를 바라고 있습니다.

모든 국민이 평등하게 창조되었고 동등하게 대우받을 권리가 있다는 이 나라의 건국 이념이 온전히 실현된 적이 없습니다. 이제 행동에 옮겨야 할 때입니다. 단지 옳은 일이어서가 아닙니다. 그렇게 해야만, 우리의 삶이 지금보다 나아지기 때문입니다.

너무 오랫동안 우리는 우리의 비좁은 시야가 이 나라의 약속을 곪게 하도록 내버려 두었습니다. 우리는 수많은 경우, 미국을 제로섬 게임으로 여겼습니다. "상대가 성공하면 나는 실패할 것이다.", "상대가 앞서나가면 나는 뒤쳐질 것이다.", "상대가 취직하면 나는 일자리를 잃을 것이다."라고 생각해왔습니다. 가장 최악은 이것입니다. "상대를 밟고 올라가면 된다."

SPEECH

17

Remarks by President Biden at Signing of an Executive Order on Racial Equity(2)

인종평등에 관한 행정명령 연설(2)

2021년 1월 26일 백악관 국빈만찬장

인종평등, 우리 모두를 위한 것

인종차별을 없애는 것이 국민 전체가 잘 사는 길이라고 말하는 장이다. 바이든 대통령은 한 부서가 아닌 정부 차원에서, 어떻게 인종차별을 해소할 것인지 설명하였다. 특히, 주택 관련한 정책을 어떻게 펼칠 것인지를 구체적으로 언급하고 있다.

🎧 17-01

We've lost sight of what President Kennedy told us when he said, "A rising tide lifts all boats." And when we lift each other up, we're all lifted up. You know, and the corollary is true as well: When any one of us is held down, we're all held back. More and more economic studies in recent years have proven this, but I don't think you need economic studies to see the truth.

Just imagine if instead of consigning millions of American children to under-resourced schools, we gave each and every three- and four-year-old child a chance to learn, to go to school — not daycare, school — and grow and thrive in school and throughout. When they've done that — the places it's been done, it shows they have an exponentially greater chance of going all the way through 12 years of school and doing it well. But, you know, does anyone — does anyone in this whole nation think we're not all better off if that were to happen?

Check the Vocabulary

---

rising tide 밀물 | **corollary** 당연한 귀결 | **hold down** 억제하다 (held는 hold의 과거형) | **economic study** 경제학 연구 | **recent years** 최근 몇 년간 | **consign** 맡기다 | **under-**

168

우리는 케네디 전 대통령이 "밀물이 모든 배를 들어 올린다."라고 말한 것을 잊어버렸습니다. 우리가 서로를 들어 올릴 때 우리 모두가 들어 올려지는 것입니다. 당연한 귀결입니다. 우리 중 누군가를 억제하면 우리 모두가 억제되는 것처럼 말입니다. 최근 몇 년 동안 이것을 증명하는 경제학 연구가 점점 많아지고 있지만, 연구가 아니더라도 그것이 진실이라는 것을 아시겠죠.

수백만 명의 아이들을 자원이 부족한 학교에 보내는 대신, 세네 살짜리 아이들 한 명한 명에게 어린이집이 아닌 유치원에 가는 기회를 주어, 아이들이 유치원에 다니는 동안 무럭무럭 자라도록 한다고 상상해보세요. 유치원 졸업 후 12년 동안 학교에 다니면서 배우는 기회가 기하급수적으로 늘게 될 것입니다. 그것이 우리 모두를 위해 더 나은 방안이라고 생각하지 않을 사람이 있을까요? (번역가주- 바이든 대통령은 저소득층과 소수인종을 배려하여 3-4세 아동을 대상으로 한 유치원 무상교육을 추진함. 본문의 '12년'은 미국의 초중고 교육과정 총 12년을 의미함)

17-02

Just imagine if instead of denying millions of Americans the ability to own a home and build generational wealth — who made it possible for them buy a home, their first home — and begin to build equity to provide for their families and send their children off to school, does anyone doubt that the whole nation will be better off?

Just imagine: Instead of denying millions of young entrepreneurs the ability to access capital, we made it possible to take their dream to market, create jobs, reinvest in their own communities. Does anyone doubt this whole nation wouldn't be better off?

Just imagine if more incredibly creative and innovative — how much more creative and innovative we'd be if this nation held — held the historic black colleges and universities to the same opportunities — and minority-serving institutions — that had the same funding and resources of public universities to compete for jobs and industries of the future. You know, just ask the first HBCU graduate elected as Vice President if that's not true.

Check the Vocabulary

deny 요구를 거부하다 | own 소유하다 | generational 세대적인 | wealth 부 | doubt 의심하다 | entrepreneur 기업가 | capital 자본 | reinvest 재투자하다 | community 지역사회 | innovative

수백만 명의 사람들이 집을 소유하고 세대에 걸쳐 부를 쌓을 수 있는 능력을 불허하는 대신, 모두가 자가를 소유하고 가족을 부양하고 아이를 학교에 보내는 미국을 상상해보세요. 이것이 나라 전체가 더 잘살게 되는 방향인 것을 의심하는 사람이 있을까요?(번역가주– 주택 구매할 돈을 대출해줄 때 인종차별이 있었던 것을 의미함)

수백만 명의 젊은 기업가들이 자본에 접근할 수 있는 능력을 불허하는 대신, 그들이 시장에서 꿈을 펼치고 일자리를 창출해서 다시 지역사회에 투자하는 모습을 상상해보세요. 이것이 우리 모두를 위해 더 나은 일이지 않을까요?(번역가주–기업가들에게 자본을 지원해줄 때 인종차별이 있었던 것을 의미함)

만약 이 나라가 역사적인 흑인 대학과 소수인종을 위해 일하는 기관에게 공립대학 수준의 자금과 자원을 제공하여 미래의 일자리와 산업에서 경쟁할 수 있도록 한다면, 우리가 얼마나 더 창의적이고 혁신적으로 될지 상상해보세요. 그것이 사실인지 아닌지 부통령직에 최초로 선출된 흑인대학(HBCU) 졸업생에게 물어보세요.(번역가주– 바이든 정부의 부통령으로 선출된 HBCU 졸업생 카멀라 해리스를 의미함)

17-03

But to do this, I believe this nation and this government need to change their whole approach to the issue of racial equal- — equity. Yes, we need criminal justice reform, but that isn't nearly enough. We need to open the promise of America to every American. And that means we need to make the issue of racial equity not just an issue for any one department of government; it has to be the business of the whole of government.

That's why I issued, among the first days, my whole-of-government executive order that will, for the first time, advance equity for all throughout our federal policies and institutions. It focuses on the full range of communities who have been long underserved and overlooked: people of color; Americans with disabilities; LGBTQ Americans; religious minorities; rural, urban, suburban communities facing persistent poverty.

And I've asked Ambassador Susan Rice to lead the administration's charge through the White House and Domestic Policy Council because I know she'll see it through. Every White House, every White House component, and every agency will be involved in this work because advancing equity has to be everyone's job.

이러한 일들이 이루어지려면 인종평등에 대한 나라와 정부의 접근 방식이 완전히 바뀌어야 합니다. 맞습니다. 형사사법개혁이 필요합니다. 하지만 턱없이 모자랍니다. 미국의 약속이 모든 국민에게 열려있어야 합니다. 즉, 어느 한 부서에서 인종평등을 담당하는 것이 아니라 정부 전체가 이 일에 나서야 하는 것입니다.

이것이 제가 임기 초반에 행정명령을 통해 연방 정책과 제도 전반에 걸쳐 형평성을 높이고자 하는 이유입니다. 유색 인종, 장애인, 성 소수자(LGBTQ), 소수 종교, 그리고 지속적으로 빈곤을 겪어온 농촌, 도시, 교외 지역과 같이, 오랫동안 정부의 원조가 충분하지 못했고 제외되어 온 공동체에 초점이 맞춰질 것입니다.

수전 라이스 대사에게 백악관과 국내정책위원회(White House and Domestic Policy Council)를 통해 행정부의 책임을 이끌어달라고 요청했습니다. 그녀가 맡은 일을 끝까지 완수해낼 적임자임을 알기 때문입니다. 백악관의 모든 구성요소와 모든 기관이 이 일에 참여할 것입니다. 형평성을 높이는 것은 모두의 일입니다.

Today, I'll be shortly signing an additional package of executive actions to continue this vital work. Housing, for example: Housing is a right in America, and homeownership is an essential tool to wealth creation and to be passed down to generations.

Today, I'm directing the Department of Housing and Urban Affairs — and Urban Development to redress historical racism in federal housing policies. Today, I'm directing the federal agency to reinvigorate the consultation process with Indian tribes. Respect the tribal sovereignty — respect for tribal sovereignty will be a cornerstone of our engaging with Native American communities.

This builds on the work we did last week to expand tribes' access to the Strategic National Stockpile for the first time, to ensure they receive help from the Federal Emergency Management Agency, FEMA, to fight this pandemic.

Check the Vocabulary

vital 중요한 | **homeownership** 주택 소유 | **pass down** 후대에 전해주다 | **redress** 시정하다 |
reinvigorate 다시 활성화하다 | **consultation** 협의 | **sovereignty** 주권 | **cornerstone** 초석 |

오늘, 저는 이 중요한 정책을 계속하기 위한 추가실행조치 패키지에 서명할 것입니다. 여기에는 주택 정책이 포함되어 있습니다. 주택을 소유하는 것은 미국에서 권리입니다. 주택 소유는 부를 창출하고 다음 세대로 전수하는데 필수적인 도구입니다.

오늘 저는, 주택도시개발부(Department of Housing and Urban Affairs)에 연방 주택 정책의 역사적 인종차별을 시정하라고 지시할 것입니다. 또한, 연방기관에 원주민 부족과의 협의 프로세스를 다시 활성화하라고 지시할 것입니다. 부족의 주권을 존중함으로써 원주민 지역사회와 관계 맺는 초석을 다지기 위해서입니다.

오늘의 조치는 지난주에 한 일을 바탕으로 하는 것입니다. 우리는 지난주 전략국가비축물자(Strategic National Stockpile; SNS)에 대한 원주민 부족의 접근을 최초로 확대하였습니다. 그들이 팬데믹과 싸우는 동안 연방재난관리청(FEMA)의 도움을 받도록 하기 위해서입니다.

SPEECH

18

Remarks by President Biden at Signing of an Executive Order on Racial Equity(3)

인종평등에 관한 행정명령 연설(3)

2021년 1월 26일 백악관 국빈만찬장

구조적 인종차별을 뿌리뽑는 4가지 행정명령

미국에 현존하는 구조적 인종차별과 해결방안을 설명하는 장이다. 바이든 대통령은 크게 4가지 행정명령을 통해서 인종차별을 바로잡겠다고 말했다. 주택 정책, 수감 제도, 부족과의 관계, 외국인 혐오 등이다.

Today, I'm directing federal agencies to combat resurgence of xenophobia, particularly against Asian Americans and Pacific Islanders, that we've seen skyrocket during this pandemic. This is unacceptable and it's un-American.

I've asked the Department of Justice to strengthen its partnership with the Asian American and Pacific Islander community to prevent those hate crimes. I've also asked the Department of Health and Human Services to put out best practices for combatting xenophobia in our national response to COVID.

Look, in the weeks ahead, I'll be reaffirming the federal government's commitment to diversity, equity, and inclusion and accessibility, building on the work we started in the Obama-Biden administration. That's why I rescinded the previous administration's harmful ban on diversity and sensitivity training, and abolished the offensive, counter-factual 1776 Commission. Unity and healing must begin with understanding and truth, not ignorance and lies.

Check the Vocabulary

combat 맞서싸우다 | **resurgence** 부활 | **xenophobia** 외국인 혐오 | **skyrocket** 급증하다 |
unacceptable 받아들이기 어려운 | **reaffirm** 재확인하다 | **inclusion** 포용 | **rescind** 철회하다 |

오늘 저는, 팬데믹 기간 동안 급증한 외국인 혐오, 특히 아시아계 미국인과 태평양 섬 주민에 대해 다시 등장한 혐오에 맞서 싸울 것을 연방기관에 지시할 것입니다. 이러한 혐오는 결코 받아들여질 수 없습니다. 미국다운 모습이 아닙니다.

저는 법무부(Department of Justice)에 혐오범죄를 예방하기 위해 아시아계 미국인 및 태평양 섬 주민 공동체와 파트너십을 강화할 것을 요청했습니다. 또한, 보건복지부(Department of Health and Human Services)에 코로나에 대한 국가적 대응 차원에서 외국인 혐오를 근절하는 모범적 사례를 보일 것을 요청했습니다.

여러분, 저는 앞으로 몇 주 동안, 다양성, 평등, 포용, 접근성에 대한 연방정부의 의지를 재확인할 것입니다. 오바마-바이든 행정부에서 시작한 정책을 바탕으로 해서 말입니다. 그래서 저는 지난 정부의 '다양성 · 감수성 훈련' 금지를 철회하고,(번역가 주- 다양성 · 감수성 훈련: 오바마 정부 때 시작된 인종차별금지 프로그램. 트럼프 정부 때 금지 하였음.) 지난 정부의 공격적이고 반사실적인 '1776년 위원회'를 폐지하였습니다.(번역가 주- 1776년 위원회: 트럼프 전 대통령이 애국교육을 명분으로 설립한 위원회. 1776년은 미국이 독립선언을 한 해임.) 단합과 치유는 무지와 거짓이 아닌 이해와 진실에서 비롯되어야 합니다.

18-02

Today, I'm also issuing an executive order that will ultimately end the Justice Department's use of the private prisons, an industry that houses pretrial detainees and federal prisoners. The executive order directs the Attorney General to decline to renew contracts with privately operated criminal facilities — a step we started to take at the end of the Obama administration and was reversed under the previous administration.

This is the first step to stop corporations from profiteering off of incarcerating — incarceration that is less humane and less safe, as the studies show. And it is just the beginning of my administration's plan to address systemic problems in our criminal justice system.

Here's another thing that we need to do: We need to restore and expand the Voting Rights Act — named after our dear friend, John Lewis — and continue to fight back against laws that many states are engaged in to suppress the right to vote, while expanding access to the ballot box for all eligible voters.

Check the Vocabulary

ultimately 궁극적으로 | **private prison** 민간 교도소 | **pretrial detainee** 재판 전 구금자 | **renew** 갱신하다 | **criminal facility** 형사시설 | **reverse** 번복하다 | **corporation** 기업 | **profiteer** 부당

오늘 제가 내릴 또 하나의 행정명령은 법무부(Justice Department)가 민간 교도소를 이용하여 재판 전 구금자와 연방 죄수를 수용해온 사업을 궁극적으로 종식시키는 것입니다. 행정명령을 통해서 법무부 장관(Attorney General)이 민간에서 운영하는 형사 시설과 계약을 갱신하지 않도록 지시할 것입니다. 이는 우리가 오바마 행정부 말기에 시작했으나 이전 행정부에서 번복되었던 조치입니다.

이것은 기업이 감금을 통해 부당한 이득을 얻지 못하도록 막는 첫 번째 단계입니다. 연구에 따르면 그들은 덜 인도적이고, 덜 안전한 감금을 시행하고 있습니다. 이것을 금지하는 것은, 사법제도의 구조적 문제를 해결하고자 하는 우리 정부 계획의 시작에 불과한 것입니다.

우리가 해야 할 또 다른 일이 있습니다. 우리의 소중한 친구 존 루이스(John Lewis)의 이름을 딴 투표권 법(the Voting Rights Act)을 복원하고 확대해야 합니다. 또, 모든 유권자의 투표함 접근을 확대하는 동시에, 많은 주가 투표권을 억압하기 위해 관여하고 있는 법에 계속해서 맞서야 합니다. (번역가주- 전과자 투표를 제한하는 플로리다주 등 흑인과 원주민 등에게 불리하게 적용되는 투표법을 의미함)

한 이득을 취하다 | **incarceration** 감금 | **less humane** 덜 인도적인 | **suppress** 억압하다 | **ballot box** 투표함 | **eligible vote** 유권자

Because here's the deal, and I'll close with this: I ran for President because I believe we're in a battle for the soul of this nation. And the simple truth is, our soul will be troubled as long as systemic racism is allowed to persist. We can't eliminate it if — it's not going to be overnight.

We can't eliminate everything. But it's corrosive, it's destructive, and it's costly. It costs every American, not just who have felt the sting of racial injustice.

We aren't just less of a — we are not just a nation of morally deprived because of systemic racism; we're also less prosperous, we're less successful, we're less secure. So, we must change, and I know it's going to take time. But I know we can do it. And I firmly believe the nation is ready to change, but government has to change as well. We need to make equity and justice part of what we do every day — today, tomorrow, and every day.

run for President 대통령 선거에 출마하다 (ran은 run의 과거형) | **persist** 지속하다 | **eliminate** 없애다 | **overnight** 하룻밤 사이 | **corrosive** 좀먹는 | **sting** 상처 | **morally deprived** 도덕적으로 박

제가 드리고 싶은 말씀은 이것입니다. 저는 우리가 이 나라의 정신을 위해 싸우고 있다고 믿기 때문에 대통령 선거에 출마했습니다. 분명한 점은, 구조적인 인종차별을 내버려 두면 이 나라의 정신이 무너질 것이라는 점입니다. 하지만 하룻밤 사이에 없어지지 않을 것입니다.

모든 인종차별을 없앨 수는 없습니다. 하지만 구조적 인종차별은 우리의 정신을 좀먹고, 파괴하며, 값비싼 대가를 치르게 합니다. 인종차별의 상처를 경험한 사람뿐만 아니라 모든 미국인이 그 비용을 감수하게 합니다.

구조적 인종차별로 상실된 것은 도덕성뿐만이 아닙니다. 번영과 성공과 안전에서도 미국은 뒤처지는 나라가 되었습니다. 우리는 반드시 변해야 합니다. 시간이 걸리겠지만 해낼 수 있습니다. 이 나라가 변화할 준비가 되어있다고 저는 굳게 믿습니다. 정부도 변해야 합니다. 오늘, 내일, 그리고 매일 수행하는 일들 속에서 평등과 정의가 실현되어야 할 것입니다.

Check the Vocabulary

탈당한 | **firmly** 굳게

18-04

Now I'm going to sign these executive actions to continue the work to make real the promise of America for every American. Again, I'm not promising we can end it tomorrow, but I promise you: We're going to continue to make progress to eliminate systemic racism, and every branch of the White House and the federal government is going to be part of that effort. Thank you.

This first executive order is a memorandum for the Secretary of Housing and Urban Development to redress our nation's and the federal government's history of discriminatory housing practices and policies.

The next executive order is reforming the incarceration system by eliminating the use of privately operated criminal detention facilities.

The third executive order is a memorandum for the heads of executive departments and agencies on tribal consultation, and strengthening nation-to-nation relationships.

The last executive order is condemning and combatting racism, xenophobia, and intolerance against Asian Americans and Pacific Islanders in the United States.

Check the Vocabulary

memorandum 각서 | **federal government** 연방정부 | **discriminatory** 차별적 | **practice** 관행 | **incarceration system** 수감제도 | **criminal detention facility** 형사구금시설 | **tribal** 부족

이제 행정조치에 서명하여 미국의 약속을 실현하는 일을 계속해나가겠습니다. 내일 당장 해결할 것이라고 약속드릴 수는 없습니다. 하지만 이것은 약속드릴 수 있습니다. 우리는 인종차별을 없애기 위해 계속해서 나아갈 것이며, 백악관과 연방정부의 모든 부처가 함께 노력할 것입니다. 감사합니다.

첫 번째 행정명령은, 이 나라와 연방정부의 차별적 주택 관행과 정책의 역사를 바로 잡기 위해 주택도시개발부 장관(Secretary of Housing and Urban Development)에게 내리는 각서입니다.

다음 행정명령은, 민간 형사 구금시설의 운용을 폐쇄하여 수감제도를 개혁하는 것에 관한 것입니다.

세 번째 행정명령은, 부족들과 협의하는 한편, 국가 간의 관계를 강화하기 위해 행정 부서 및 기관장에게 내리는 각서입니다.

마지막 행정명령은, 아시아계 미국인들과 태평양 섬 주민들에 대한 인종차별과 외국인 혐오와 무관용을 규탄하고 이에 맞서 싸우는 것에 관한 것입니다.

Remarks at Signing of Executive Order on Strengthening American Manufacturing(1)

미국 제조업 강화 행정명령 서명 연설(1)

2021년 1월 25일. 백악관 사우스코트 강당

제조업은 미국의 원동력

연설의 공식 명칭은 '미국 제조업강화 행정명령'이지만 '바이 아메리칸(Buy American) 행정명령'으로 불린다. 미국 내에서 미국 노동자들이 만든 제품을 사라는 것을 골자로 하고 있다. 단순히 독려하는 차원이 아니라, 바이 아메리칸 요건의 면제를 극도로 제한한다는 구체적인 지침을 담고 있다. 미국산 제품을 사는 것이 미국에 어떤 영향을 끼치는지 잘 알 수 있는 연설이다.

19-01

Last week, we immediately got to work to contain the pandemic and deliver economic relief to millions of Americans who need it the most. And today we're getting to work to rebuild the backbone of America: manufacturing, unions, and the middle class. It's based on a simple premise: that we'll reward work, not wealth in this country.

And the key plank of ensuring the future will be "Made in America." I've long said that I don't accept the defeatist view that the forces of automation and globalization can keep union jobs from growing here in America. We can create more of them, not fewer of them.

지난 주 우리는 팬데믹을 억제하는 한편, 도움이 가장 시급한 수백만 명의 국민을 경제적으로 구제하는 일에 즉각 착수했습니다. 오늘, 우리는 미국의 중추인 제조업과 노조와 중산층을 재건하는 일을 시작하려고 합니다. 이 나라에서는 부(富)가 아닌 일로써 보상을 받는다는 단순한 전제에 기반한 것입니다.

우리의 미래를 보장할 핵심조항은 "메이드 인 아메리카(Made in America · 미국 내 제조)"입니다. 자동화와 세계화로 인해 미국 노조의 일자리가 증가하지 못할 것이라는 패배주의적 견해에 동의하지 않는다고 오랫동안 말씀드렸습니다. 일자리는 감소하지 않습니다. 우리는 더 많은 일자리를 만들어나갈 수 있습니다.

19-02

I don't buy for one second that the vitality of the American manufacturing is a thing of the past. American manufacturing was the arsenal of democracy in World War Two, and it must be part of the engine of American prosperity now. That means we are going to use taxpayers' money to rebuild America. We'll buy American products and support American jobs, union jobs.

For example, the federal government every year spends approximately $600 billion in government procurement to keep the country going safe and secure. And there's a law that's been on the books for almost a century now: to make sure that that money was spent — taxpayers' dollars for procurement is spent to support American jobs and American businesses. But the previous administration didn't take it seriously enough.

Federal agencies waived the Buy American requirement without much pushback at all. Big corporations and special interests have long fought for loopholes to redirect American taxpayers' dollars to foreign companies where the products are being made. The result: tens of billions of American taxpayers' dollars supporting foreign jobs and foreign industries.

Check the Vocabulary

not buy for one second 조금도 믿지 않는다 | **vitality** 활력 | **arsenal** 무기 | **prosperity** 번영 |
approximately 거의 | **government procurement** 정부조달(정부기관이 필요한 물자를 민간업체

저는 미국 제조업의 활력이 과거의 것이라는 말을 조금도 믿지 않습니다. 미국 제조업은 제2차 세계대전에서 민주주의의 무기였습니다. 오늘날에도 미국을 번영시키는 원동력의 일부가 되어야 합니다. 그 말은 즉, 우리가 납세자의 돈으로 미국을 재건할 것이라는 뜻입니다. 우리는 미국산을 구매하고 미 노조 일자리를 지원할 것입니다.

예를 들어, 연방정부는 국가안보를 위해 매년 정부 조달에 거의 6,000억 달러를 지출합니다. 거의 1세기 동안 존재해 온 법에 따르면, 납세자의 돈으로 운용되는 정부 조달자금은 미국 일자리와 기업을 지원하는 데 쓰여야 합니다. 하지만 이전 행정부는 이 점을 진지하게 받아들이지 않았습니다.

연방기관들은 별다른 반대 없이 바이 아메리칸 요건을 면제해주었습니다. 대기업과 특수 이해관계자들은 상품을 제조하는 외국 기업으로 미국 납세자의 돈을 돌릴 수 있는 루프홀(loophole · 법률상의 예외)을 만들기 위해 오랫동안 싸워왔습니다. 그 결과, 수백억 달러의 미국 납세자의 돈이 외국 일자리와 외국 산업을 지원하는 데 쓰였습니다.

Check the Vocabulary

로부터 구입하는 것) | **waive** 면제해주다 | **pushback** 반대, 반발

19-03

In 2018 alone, the Department spent $3 billion — the Defense Department — on foreign construction contracts, leaving American steel and iron out in the cold. It spent nearly $300 million in foreign engines and on vehicles instead of buying American vehicles and engines from American companies, putting Americans to work. Under the previous administration, the federal government contract awarded directly to foreign companies went up 30 percent. That is going to change on our watch.

Today I'm taking the first steps in my larger Build Back Better Recovery Plan that invests in American workers, unions, and businesses up and down the supply chain.

And I know that previous presidents entered office by promising to buy America and instituting the Buy American policy, but here's why this is different and not the same: I'll be signing an executive order in just a moment, tightening the existing Buy American policies, and go further. We're setting clear directives and clear explanations. We're going to get to the core issue with a centralized, coordinated effort.

foreign construction contract 해외건설계약 | leave out in the cold ...를 따돌리다 | up and down the supply chain 전체 공급망 | institute 도입하다 | tighten 엄격하게 하다 | directive

국방부(Defense Department)는 2018년 한 해에만 30억 달러를 들여 해외건설계약을 성사시켰습니다. 미국의 철강과 철 산업을 산업은 따돌림을 당했습니다. 국방부는 또 미국인들이 일하는 자국 회사로부터 미국산 차량과 엔진을 구입하는 대신, 외국 엔진과 차량을 구입하는 데 거의 3억 달러를 지출하였습니다. 지난 정부 들어 연방정부와 외국 기업 간 직접적으로 맺은 계약만 30%가 증가했습니다. 그러나 바이든 정부에서는 달라질 것입니다.

오늘 저는 미국 노동자, 노조, 그리고 기업 전체 공급망에 투자하는 '더 나은 재건 계획(Build Back Better Recovery Plan)'의 첫 단계를 밟을 것입니다.

역대 대통령들도 미국산 구매를 약속하고 바이 아메리칸(Buy American · 미국제품 구매) 정책을 도입하면서 취임한 것을 압니다. 하지만 이번에는 다릅니다. 잠시 후, 저는 행정명령에 서명하여 기존의 바이 아메리칸 정책을 더 엄격하게 해나갈 것입니다. 우리 정부는 명확한 지시와 설명을 설정하고 있습니다. 중앙 집중화되고 통합된 방법으로 핵심 쟁점에 접근할 것입니다.

19-04

Look, today I'm creating a director of Made in America at the White House Office of Management and Budget who will oversee our all-of-government Made in America initiative. That starts with stopping federal agencies from waiving Buy American requirements with impunity, as has been going on.

If an agency wants to issue a waiver to say "We're not going to buy an American product as part of this project; we're going to buy a foreign product," they have to come to the White House and explain it to us. We're going to require that waivers be publicly posted; that is, if someone is seeking a waiver to build this particular vehicle or facility and is going to buy the following foreign parts, that waiver — the request for it — is going to be posted.

194

오늘 저는 메이드 인 아메리카 예산관리국장직(director of Made in America at the White House Office of Management and Budget)을 만들어 그와 관련한 모든 정부 기획을 감독하도록 할 것입니다. 먼저, 지난 정부에서 연방기관이 아무런 처벌 없이 바이 아메리칸 요건을 면제해주던 것을 제지하는 것부터 시작할 것입니다.

만약 "우리 기관은 프로젝트의 일환으로 미국 제품이 아닌 외국 제품을 사겠습니다." 라고 하며 (바이 아메리칸 요건을) 면제하려는 기관이 있다면, 백악관에 와서 그 이유를 설명해야 할 것입니다. 또한, 면제한다는 사실을 공개적으로 발표해야 할 것입니다. 다시 말해, 만약 누군가가 특정 차량이나 시설을 건설하기 위해 (바이 아메리칸 요건) 면제를 요청하고 외국 부품을 구입하고자 한다면, 그 요청은 공개적으로 발표될 것입니다.

vehicle 차량 | **facility** 시설

SPEECH

20

Remarks at Signing of Executive Order on Strengthening American Manufacturing(2)

미국 제조업 강화 행정명령 서명 연설(2)

2021년 1월 25일. 백악관 사우스코트 강당

미국산 제품 활용법

국내산 제품을 활용하는 바이 아메리칸 정책의 효과를 설명하는 장이다. 바이든 대통령은 미국의 자원과 기술을 사용하여 수백만 개의 일자리를 창출할 것이라고 말하였다. 소규모 제조업체들이 "우리 동네, 우리 가게에서도 해낼 수 있어"라고 말하도록 해주겠다고 언급하고 있다.

Then we'll work with small American manufacturers and businesses to give them a shot to raise their hand and say, "Yeah, I can do that here in my shop, in my town."

It's about — as you've heard me say before, I used to have a friend who was a great athlete, who'd say, "You got to know how to know." These small businesses don't even know they can compete for making the product that is attempting to be waived and being able to be bought abroad.

And I'm directing the Office of Management and Budget to review waivers to make sure they are only used in very limited circumstances. For example, when there's an overwhelming national security, humanitarian, or emergency need here in America. This hasn't happened before. It will happen now.

Check the Vocabulary

manufacturer 제조업체 | **give someone a shot** ...에게 기회를 주다 | **athlete** 운동선수 | **small business** 중소기업 | **compete** 경쟁하다 | **abroad** 외국에서 | **limited circumstance** 제한된 상

우리는 미국의 소규모 제조업체와 기업들과 협력함으로써, 그들이 손을 들고 이렇게 말할 기회를 줄 것입니다. "그래, 우리 동네, 우리 가게에서도 해낼 수 있는 거야."

예전에도 말씀드린 적이 있는데, 훌륭한 운동선수인 제 친구가 이렇게 말했습니다. "어떻게 하면 알 수 있을지를 알아내야 돼." 중소기업들은 바이 아메리칸 요건을 면제받고 외국에서 제품을 판매해 경쟁할 수 있다는 사실조차 모릅니다.

저는 매우 제한된 상황에서만 (바이 아메리칸 정책이) 면제될 수 있도록 검토하라고 예산관리국(Office of Management and Budget)에 지시하고 있습니다. 예를 들어 미국에서 압도적인 국가 안보, 인도주의적 상황, 또는 긴급한 필요가 발생할 경우입니다. 이전에는 행해진 적이 없는 조치이지만, 이제 취해질 것입니다.

황 | **overwhelming** 압도적인 | **national security** 국가 안보

Here's what else we're going to be doing. Under the Build Back Better Recovery Plan, we'll invest hundreds of billions of dollars in buying American products and materials to modernize our infrastructure, and our competitive strength will increase in a competitive world.

That means millions of good-paying jobs, using American-made steel and technology, to rebuild our roads, our bridges, our ports, and to make them more climate resilient, as well as making them able to move faster and cheaper and cleaner to transport American-made goods across the country and around the world, making us more competitive. It also means replenishing our stockpiles to enhance our national security.

Check the Vocabulary

material 재료 | **modernize** 현대화하다 | **competitive strength** 경쟁력 | **port** 항구 | **climate resilient** 기후 탄력적인 | **transport** 운송하다 | **replenish** 보충하다 | **stockpile** 비축량 |

우리의 계획은 또 이렇습니다. 우리는 '더 나은 재건 계획(Build Back Better Recovery Plan)' 아래, 수천억 달러를 투자하여 미국산 제품과 재료를 구입할 것입니다. 그것들을 활용해 미국의 인프라를 현대화하고 미국의 세계적 경쟁력을 높일 것입니다.

다시 말해서, 미국산 강철과 기술을 사용하여 수백만 개의 보수 좋은 일자리를 창출하는 것입니다. 기후 탄력적인 도로와 다리와 항구를 재건하여 미국산 제품을 미국 전역과 세계에 더 빠르고, 저렴하고, 청결하게 운송함으로써, 미국의 경쟁력을 한층 더 강화하는 것입니다. 뿐만 아니라, 비축량을 보충하여 국가안보를 더 튼튼히 하는 것입니다.

Check the Vocabulary

enhance 강화하다

20-03

As this pandemic has made clear, we can never again be in a position where we have to rely on a foreign country that doesn't share our interest in order to protect our people during a national emergency. We need to make our own protective equipment, essential products and supplies. And we'll work with our allies to make sure they have resilient supply chains as well.

We'll also make historic investments in research and development — hundreds of billions of dollars — to sharpen America's innovative edge in markets where global leadership is up for grabs — markets like battery technology, artificial intelligence, biotechnology, clean energy.

The federal government also owns an enormous fleet of vehicles, which we're going to replace with clean, electric vehicles made right here in America by American workers, creating millions of jobs — a million autoworker jobs in clean energy and vehicles that are net-zero emissions. And together, this will be the largest mobilization of public investment in procurement, infrastructure, and R&D since World War Two.

Check the Vocabulary

rely on 의존하다 | **national emergency** 국가비상사태 | **protective equipment** 보호장비 | **essential product** 필수제품 | **supply** 보급품 | **ally** 동맹국 (복수형은 allies) | **resilient**

팬데믹으로 분명해진 사실이 있습니다. 우리 국민을 보호해야 하는 국가비상사태에서는 우리의 이익을 공유하지 않는 다른 나라에 의존하는 상황을 다시는 만들지 말아야 한다는 것입니다. (번역가주- 마스크를 주로 중국에서 수입해온 미국이 코로나19로 중국 공장이 셧다운 됐을 때 마스크 공급에 차질을 겪은 것을 사례로 들 수 있음) 우리만의 보호 장비, 필수 제품, 보급품을 만들 것입니다. 또한, 동맹국들과 협력하여 탄력적인 공급망을 확보할 것입니다.

또한 우리는 연구 개발에 수천억 달러의 역사적인 투자를 함으로써, 배터리 기술, 인공지능, 생명공학, 청정에너지 등 글로벌리더십이 요구되는 시장에서 미국의 혁신적 우위를 강화할 것입니다.

현재 연방정부가 엄청난 양의 차량을 소유하고 있습니다. 우리는 이 차량을 미국 노동자들이 바로 여기, 미국에서 만드는 청정 전기 자동차로 대체하여, 청정에너지와 넷제로(Net Zero · 탄소중립) 차량 분야에서 수백만 개의 일자리를 창출할 것입니다. 이 모든 투자는 2차 세계대전 이후 정부 조달, 인프라, R&D 부문에 대한 역대급 규모의 투자가 될 것입니다.

And with the executive order I'll be signing today, we'll increase Buy American requirements for these kinds of projects and improve the way we measure domestic content requirements. For example, right now, if you manufacture a vehicle for the federal government, you need to show that at least 50 percent of the components of that vehicle were made in America.

But because of loopholes that have been expanded over time, you can count the least valuable possible parts as part of that 50 percent to say "Made in America," while the most valuable parts — the engines, the steel, the glass — are manufactured abroad. So basically, but basically we're batting zero for two. The content threshold of 50 percent aren't high enough. And the way we measure the content doesn't account for U.S. jobs and economic activity. We're going to change that as well.

The executive action I'm signing today will not only require that companies make more of their components in America, but that the value of those components is contributing to our economy, measured by things like a number of American jobs created and/or supported.

At the same time, we'll be committed to working with our trading partners to modernize international trade rules, including those relating to government procurement, to make sure we can all use our taxpayer dollars to spur investment that promotes growth and resilient supply chains.

Check the Vocabulary

---

component 부품 | **the least valuable possible parts** 가장 가치가 낮은 부분 | **bat zero for two** 기본적으로 실패하고 있다 | **threshold** 최저 | **contribute** 기여하다 | **government**

오늘 우리 행정부는 행정명령에 서명하여 바이 아메리칸의 요건을 늘리는 한편, 국내 물품사용요건(DCR)에 대한 측정 방식을 개선할 것입니다. 예를 들어, 지금 당장 연방정부용 차량을 만든다면 적어도 차량 부품 중 50%가 미국산이라는 것을 보여줘야 합니다.

하지만 시간이 지나면서 확대되어 온 루프홀(loophole · 법률상의 예외) 때문에 "미국산"이라고 말하는 것의 50%를 가장 가치가 낮은 부분으로 채울 수도 있을 것입니다. 가장 가치가 높은 엔진, 강철, 유리와 같은 부품은 해외에서 제조하면서 말입니다. 우리는 기본적으로 실패하고 있습니다. 최저값인 50%는 충분하지 않습니다. 우리가 측정해온 방식은 미국의 일자리와 경제 활동을 고려하지 않는 것입니다. 우리는 그것도 바꿀 것입니다.

오늘의 행정조치는 기업이 더 많은 미국산 부품을 만들도록 요구할 것입니다. 또한, 그 부품의 가치가 수많은 일자리를 창출하고 지원하는 것 등으로 측정되어 실제로 경제에 기여하도록 할 것입니다.

우리는 동시에, 무역 파트너들과 협력하여 정부 조달을 포함한 국제무역규칙을 현대화하는 것에 최선을 다할 것입니다. 그럼으로써, 반드시 납세자의 돈이 (무역) 성장과 탄력적 공급망을 조성하는 투자를 촉진하는 것에 사용되도록 할 것입니다.

Check the Vocabulary

procurement 정부조달 | **promote** 촉진하다

SPEECH

21

Remarks at Signing of Executive Order on Strengthening American Manufacturing(3)

미국 제조업 강화 행정명령 서명 연설(3)

2021년 1월 25일. 백악관 사우스코트 강당

중산층을 살리는 바이 아메리칸

중산층을 살리는 바이 아메리칸 정책에 대해 설명하는 장이다. 바이든 대통령은 노동조합이 중산층을 구축했고, 중산층이 미국을 만들었다고 말하였다. 따라서, 중소기업과 노동자 등 중산층을 살리는 바이 아메리칸 정책을 통해 밝은 미국의 미래를 만들어야 한다고 언급하고 있다.

21-01

And here's what else the action does. When we buy America, we'll buy from all of America. That includes communities that have historically been left out of government procurement — black, brown, Native American, small businesses and entrepreneurs in every region of the country.

We will use a national network of manufacturers — called a Manufacturing Extension Partnership — that's in all 50 states and Puerto Rico, to help government agency connect with new domestic suppliers across the country. This is a critical piece of building our economy back better and including everyone in the deal this time, especially small businesses that are badly hurting in this economy.

Check the Vocabulary

include 포함하다 | **historically** 역사적으로 | **been left out** 소외되어 왔다 (left는 leave의 과거분 사형) | **entrepreneur** 기업가 | **manufacturer** 제조업체 | **domestic supplier** 국내 공급업체 |

우리는 또 행정조치를 통해서, 미국산 제품을 구매할 때 모든 지역에서 구매가 이뤄지도록 할 것입니다. 흑인, 브라운(피부색이 갈색인 인종), 미국 원주민, 중소기업과 전국 각지의 기업가 등 역사적으로 정부 조달에서 소외되어 온 이들을 정책에 포함할 것입니다.

우리는 '제조업 확장 파트너십(Manufacturing Extension Partnership · MEP)'으로 불리는 제조업체 전국 네트워크를 활용할 것입니다. 현재 전국 50개 주와 푸에르토리코에 있습니다. 네트워크를 통해, 정부기관과 전국의 새로운 국내 공급업체들을 연결시킬 것입니다. 우리 경제를 더 잘 재건하고 경제적으로 심하게 타격받은 중소기업을 거래에 포함시키기 위해 매우 중요한 부분입니다.

🎧 21-02

The executive action I am taking also reiterates my strong support for the Jones Act and American vessels you know and our ports, especially those important for America's clean energy future and the development of offshore renewable energy.

I'll close with this: The reason we need to do this is America can't sit on the sidelines in the race for the future. Our competitors aren't waiting.

To ensure the future is made in America, we need to win not just the jobs of today, but the jobs and industries of tomorrow. And we know that the middle class built this country, and we also know unions built the middle class. So let's invest in them once again. I know we're ready, despite all we're facing. I have never been more optimistic about the future of America than I am today.

Check the Vocabulary

reiterate 되풀이하다 | **vessel** 선박 | **clean energy** 청정에너지 | **offshore renewable energy** 연안재생에너지 | **sit on the sideline** 구경을 하다 | **race** 경주 | **competitor** 경쟁자 | **win** 경쟁

오늘의 행정조치는 또한, 존스 법(Jones Act)(번역가 주- 미국 내 연안 운송 시 미국 선박만 이용하는 것으로 한정한다는 미국 국내법)과 미국의 선박과 항구, 특히 미국의 청정에너지 미래와 연안 재생에너지 개발에 중요한 항구에 대한 저의 강력한 지원을 거듭 강조하는 것입니다.

이제 연설을 마치겠습니다. 오늘의 행정조치가 필요한 이유는, 미국이 더 이상 미래를 향한 경주에서 구경만 하고 있을 수 없기 때문입니다. 경쟁자들은 우리를 기다려주지 않습니다.

미래가 미국에서 이뤄지도록 하기 위해서는, 현재의 일자리뿐 아니라 미래의 일자리와 산업을 쟁취해야 합니다. 우리는 이 나라가 중산층에 의해 지어졌다는 것을 알고 있습니다. 노동조합이 그 중산층을 구축했다는 사실도 알고 있습니다. 그러니 다시한번 투자합시다. 여러 문제를 직면하고 있지만, 저는 우리가 준비되어 있다고 생각합니다. 오늘만큼 미국의 미래에 대해 낙관한 적이 없습니다.

에서 이기다 | **industry** 산업 | **middle class** 중산층 | **union** 노동조합 | **once again** 다시 한 번 | **despite** ..에도 불구하고 | **optimistic** 낙관적인

Given even just half a chance, the American people, the American worker, has never, ever let the country down. Imagine if we give them a full chance. That's what we're going to do. I'll stop here and sign the executive order, and then come back and take some of your questions.

half a chance 절반의 기회 | **let the country down** 나라를 실망시키다 (let down 실망시키다) | **a full chance** 충분한 기회 | **sign** 서명하다

절반의 기회만 주어졌을 때에도 이 나라 노동자들은 미국을 실망시킨 적이 없습니다. 그들에게 충분한 기회를 준다고 상상해보세요. 우리가 하고자 하는 일이 바로 그것입니다. 이제 행정명령에 서명하고 돌아와서 질문 몇 가지를 받겠습니다.

SPEECH

22

Remarks at Signing of Executive Order on Strengthening American Manufacturing(4)

미국 제조업 강화 행정명령 서명 연설(4)

2021년 1월 25일. 백악관 사우스코트 강당

바이든이 정의하는 '단합'

워싱턴 포스트 기자의 질문에 대통령이 답하는 장이다. 바이든 대통령은 단합을 어떻게 정의하는지 묻는 질문에, 단합이란 독설하지 않는 것이며, 토론을 통해 합의를 이끌어내는 것이라고 말하였다. 바이든 정부의 경기부양책에 대해서는 합의가 꾸준히 이뤄지고 있다고 언급하고 있다.

22-01

(기자들의 질문에 바이든 대통령이 답변하는 시간. 워싱턴포스트의 애니 린스키 기자가 대통령에게 '단합'을 구체적으로 어떻게 정의하는지 질문함)

Well, Annie, I think it makes up several of the issues — the points you made. One is: Unity requires you to take away — eliminate the vitriol, make anything that you disagree with about the other person's personality or their lack of integrity or they're not decent legislators and the like — so we have to get rid of that. And I think that's already beginning to change, but God knows where things go, number one.

Check the Vocabulary

make up 구성하다 | several 몇 개의 | issue 쟁점 | require 요구하다 | eliminate 제거하다 |
vitriol 독설 | disagree with ..에 대해 동의하지 않다 | personality 인격 | lack of ..의 결여 |

애니, 제 생각에 단합은 당신이 말한 몇 가지 쟁점들로 구성되어 있는 것 같아요. 먼저, 단합은 당신이 동의하지 않는 것에 대해 독설하지 않을 것을 요구합니다. 상대의 인격이 마음에 들지 않거나, 상대가 도덕적으로 문제가 있거나, 상대가 괜찮은 입법자가 아니라고 생각할 때, 우리는 독설을 하죠. 그것을 없애나가야 합니다. 이미 그렇게 바뀌고 있지만, 일이 어떻게 흘러갈지는 하나님만이 아실 것입니다. 그것이 첫 번째 단합에 대한 정의입니다.

Unity also is: trying to reflect what the majority of the American people — Democrat, Republican, and independent — think is within the fulcrum of what needs to be done to make their lives and the lives of Americans better. For example, if you look at the data — and I'm not claiming the polling data to be exact, but if you look at the data, you have — I think it's — I hope I'm saying this correct – you may correct me if I get the number wrong, I think it's 57, 58 percent of the American people — including Republicans, Democrats, and independents — think that we have to do something about the COVID vaccine;

we have to do something about making sure that people who are hurting badly, can't eat, don't have food, are in a position where they're about to be thrown out of their apartments, et cetera, being able to have an opportunity to get a job — that they all think we should be acting, we should be doing more.

Check the Vocabulary

reflect 반영하다 | **majority of** 대다수의 | **fulcrum** 가장 핵심적인 (번역에서는 생략됨) | **claim** 주장하다 | **polling data** 여론조사 데이터 | **exact** 정확한 | **correct** 바로잡다 | **be about to** 막 ..하려고

또한, 단합은 민주당, 공화당, 무소속 등 국민의 대다수를 반영하려고 노력하는 것입니다. 대다수 국민들이 가장 바라는 것은, 더 나은 삶을 사는 것입니다. 예를 들어, 데이터를 보면, 여론조사 데이터가 정확하다고 주장하는 것은 아니지만, 혹시 제가 말하는 데이터가 틀리면 바로잡아주세요. 제 생각에 공화당과 민주당과 무소속을 포함한 57, 58%의 국민은 우리가 코로나 백신과 관련해 어떤 조치를 취해야 한다고 한다고 생각하고 있습니다.

아프고, 먹을 게 없고, 집에서 쫓겨나기 직전인 사람들이 일자리를 얻을 수 있도록 기회를 주어야 한다는 부분도 마찬가지입니다. 우리 모두가 행동해야 하고 더 노력해야 한다는 것에 이견이 없습니다.

하는 | **be thrown out** 쫓겨나는 (thrown은 throw의 과거분사형)

Unity also is trying to get at a minimum — if you pass a piece of legislation that breaks down on party lines but it gets passed, it doesn't mean there wasn't unity; it just means it wasn't bipartisan.

I'd prefer these things to be bipartisan, because I'm trying to generate some consensus and take sort of the — how can I say it? — the vitriol out of all of this. Because I'm confident — I'm confident, from my discussions, there are a number of Republicans who know we have to do something about the food insecurity for people in this pandemic. I'm confident they know we have to do something about figuring out how to get children back in school.

minimum 최소 | **pass** 법안이 승인되다 | **legislation** 법안 | **break down** 무너뜨리다 | **party line** 정치 노선 | **bipartisan** 초당적인 | **prefer** ..을 좋아하다 | **generate** 발생시키다 | **consensus**

단합은 또 최소한의 합의라도 얻도록 노력하는 것입니다. 한쪽 당의 찬성으로만 법안이 승인됐다고 해서 단합이 이뤄지지 않은 것은 아닙니다. 단지 초당적으로 통과되지 않았을 뿐입니다.

저는 이런 것들이 초당적이기를 원합니다. 그래서 어느 정도 합의를 끌어내면서 독설을 없애려고 노력합니다. 많은 공화당원이 팬데믹으로 먹을 것이 불안정해진 사람들을 위해 우리가 뭔가 조치를 취해야 한다는 것을 알고 있다고 확신합니다. 토론을 통해 확신하게 되었습니다. 저는 또한, 아이들을 다시 학교에 보낼 방법을 우리가 알아내야 한다는 것에 대해서도 그들이 알고 있다고 확신합니다.

There's just — there's easy ways to deal with this. One, if you're anti-union, you can say it's all because of teachers. If you want to make a case though that it's complicated, you say, "Well, what do you have to do to make it safe to get in those schools?" And we're going to have arguments.

For example, you know I proposed that we — because it was bipartisan, I thought it would increase the prospects of passage — the additional $1,400 in direct cash payment to folks. Well, there's legitimate reason for people to say, "Do you have the lines drawn the exact right way? Should it go to anybody making over X-number of dollars or why?"

I'm open to negotiate those things. That's all. I picked it because I thought it was rational, reasonable, and it had overwhelming bipartisan support in the House when it passed. But this is all a bit of a moving target in terms of the precision with which this goes.

Check the Vocabulary

complicated 복잡한 | **propose** 제안하다 | **prospects** 가망성 | **passage** 통과 | **additional** 추가의 | **legitimate** 정당한 | **negotiate** 협상하다 | **rational** 이성적인 | **reasonable** 합리적인 |

쉽게 단합할 방법이 있습니다. 만약, 여러분이 노조에 반대한다면 (등교가 재개되지 않는 것이) 모두 교사 때문이라고 말할 것입니다. 복잡한 이슈지만 주장을 내놓고 싶다면 당신은 이렇게 말할 것입니다. "글쎄요, 학교들을 안전하게 만들기 위해 당신이 해야만 하는 일은 뭘까요?" 그리고 우리는 논쟁하기 시작할 것입니다.

또 한 가지 예를 들어보겠습니다. 여러분도 아시다시피, 저는 1400달러의 현금을 국민에게 추가로 직접 지급할 것을 제안했습니다. 초당파적인 사안이었기 때문에 통과될 가능성이 높을 것으로 생각했습니다. 음, 사람들이 말했습니다. "정확한 기준입니까? 특정 달러 이상을 버는 사람에게도 지급되어야 하나요? 왜 그래야 합니까?" 이렇게 말할 만한 이유가 있을 것입니다.

저는 얼마든지 그런 지점들을 협상할 수 있습니다. 그게 다입니다. 제가 그것을 제안한 이유는, 그렇게 하는 것이 이성적이고 합리적이라고 생각했기 때문입니다. 저의 제안은 하원에서 압도적이고 초당적인 지지를 받으며 통과되었습니다. 하지만 신중하게 진행할 것이기 때문에 (사람들이 원하는 바가 달라지면) 목표는 조금씩 바뀔 수 있습니다.

You're asking about unity: 51 votes, bipartisan, et cetera.

The other piece of this is that the one thing that gives me hope that we're not only going to, sort of, stay away from the ad hominem attacks on one another, is that there is an overwhelming consensus among the major economists at home and in the world that the way to avoid a deeper, deeper, deeper recession, moving in the direction of losing our competitive capacity, is to spend money now to — from — from across the board, every major institution has said, "If we don't invest now, we're going to lose so much altitude, in terms of our employment base and our economic growth, it's going to be harder to reestablish it."

We can afford to do it now. As a matter of fact, the — I think the response has been, "We can't afford not to invest now. We can't afford to fail to invest now."

And I think there's a growing realization of that on the part of all but some very, very hard-edged partisans, maybe on both sides, but I think there is a growing consensus. Whether we get it all done exactly the way I want it remains to be seen, but I'm confident that we can work our way through. We have to work our way though because, as I've said 100 times, there is no ability in a democracy for it to function without the ability to reach consensus.

Check the Vocabulary

51 votes 다수결 | **ad hominem** 인신공격의 | **recession** 경기침체 | **competitive capacity** 경 쟁력 | **major institution** 주요 기관 | **lose so much altitude** 엄청나게 하강하다 | **reestablish**

다수결과 초당적 단합 등에 대해 질문해주셨는데요.

제가 희망을 품는 한 가지는, 우리가 (단합을 통해) 단지 인신공격에서만 벗어나지 않을 것이라는 점입니다. 갈수록 침체되는 경기에서 벗어나고 잃어버린 경쟁력을 되찾는 법에 대한 의견이, 국내외 주요 경제학자들 사이에 압도적으로 일치되어 있습니다. 지금이 투자할 때라는 것입니다. 모든 주요 기관에서 이렇게 말합니다. "지금 투자하지 않으면, 고용과 성장에서 엄청나게 하강할 것입니다. 다시 일으키는 것은 더 어려워질 거고요."

우리는 지금 투자할 여력이 있습니다. 사실상 이런 반응이 계속되었다고 생각합니다. "지금 투자를 안 할 형편이 아니에요. 투자에 실패할 형편이 아니에요."

양당의 강경파를 제외하고는, 그 깨달음이 점점 커지는 것 같습니다. 점점 더 의견이 일치하고 있습니다. 제가 목표한 대로 우리가 정확하게 해낼 수 있을지는 두고 봐야 알겠지만, 저는 우리가 끝까지 해나갈 수 있고 그래야 한다고 확신합니다. 제가 100번쯤 말한 것처럼, 민주주의는 합의에 도달하지 않고는 기능할 수 없기 때문입니다.

Check the Vocabulary

재건하다 | **can't afford not to** ..을 안할 형편이 아니다 | **hard-edged partisan** 강경한 당파

SPEECH

23

Joe Biden Speech on
COVID-19 Economic Recovery Plan(1)

조 바이든 코로나19 경제회복 플랜 연설(1)

2021년 1월 14일. 델라웨어주 윌밍턴 더퀸 극장

코로나19 상황 속 극심해진 빈부격차

코로나19로 인해 미국의 많은 노동자가 직장을 잃고 집에서 강제로 쫓겨날 위기에 처했다. 그러나 한편에서는 주식과 부동산 시장에서 투자 열풍이 부는 등 빈부격차가 극심해지기도 하였다. 바이든은 이러한 현실을 직시하면서 국가 차원에서 어떻게 대응할 것인지 설명하였다. 미국의 현 경제 상황과 다가올 경제 상황에 대해 잘 이해할 수 있는 연설이다.

Good evening, my fellow Americans. It's been 343 days since the virus that has ravaged our nation tragically claimed its first life. On February the 6th in 2020 Patricia Dowd took her last breath at home under the California sun in Santa Clara. She was 57 years old, a beloved wife, mother, daughter, sister. She never knew she had the virus, at the time when most folks never heard about the virus, but just like that she was gone.

And almost exactly one year later, nearly 400,000. 400,000 of our fellow Americans have met the same cruel fate. Countless families and friends left behind with unrelenting grief and guilt, anger and frustration. And the emptiness felt by the loss of life is compounded by the loss of our way of life.

During this pandemic, millions of Americans, through no fault of their own, have lost the dignity and respect that comes with a job and a paycheck. Millions of Americans never thought they'd be out of work. Many of them never even envisioned the idea, are facing eviction, waiting for hours in their cars to feed their families, as they drive up to a food bank. Millions have kept their jobs, but have seen their hours and paychecks reduced barely hanging on as well.

ravage 황폐하게 하다 | tragically 비극적으로 | claim 목숨을 앗아가다 | took one's last breath
...의 마지막 숨을 내쉬었다 (took는 take의 과거형) | beloved 사랑하는 | folks 사람들 | cruel 잔인한 |

안녕하십니까, 여러분. 이 나라를 황폐화시킨 바이러스가 비극적으로 첫 목숨을 앗아간지 343일이 지났습니다. 2020년 2월 6일, 패트리샤 다우드는 캘리포니아주 산타클라라 그녀의 집에서 햇살을 받으며 마지막 숨을 내쉬었습니다. 그녀의 나이 57세였습니다. 그녀는 사랑받는 아내이고 엄마였으며 누군가의 딸이었고 여동생이었습니다. 대부분의 사람들이 바이러스에 대해 전혀 몰랐기 때문에 그녀 역시 자신이 바이러스에 감염되었다는 것을 모르는 상태로 죽음을 맞이했습니다.

그로부터 1년 후, 거의 40만 명에 이르는 국민들이 그녀와 같이 잔인한 운명을 맞았습니다. 수많은 가족과 친구들이 끊임없는 슬픔과 죄책감, 분노와 좌절감 속에 남겨졌습니다. 삶의 방식까지 잃어버리면서 사랑하는 사람을 잃은 공허함을 더욱 크게 느껴야 했습니다.

바이러스가 유행하는 동안, 수백만 명의 국민들이 아무 잘못도 없이 일자리와 임금을 통해 얻던 품위와 존중을 잃었습니다. 실직을 예상하지 못했던 수백만의 국민들이 일자리를 잃어 집에서 쫓겨나고, 가족을 먹여 살리기 위해 푸드 뱅크로 가서 몇 시간을 차에서 기다리게 되었습니다. 실직당하지 않은 수백만 명의 사람들도 겨우 먹고 살만큼만 벌고 있습니다.

Check the Vocabulary

fate 운명 | **countless** 많은 | **left behind** 뒤에 남겨졌다 (left는 leave의 과거형) | **unrelenting** 끊임없는 | **compound** 더 심해지게 하다

23-02

That's happening today in the United States of America. Just as we are in the midst of a dark winter of this pandemic, as cases, hospitalizations and deaths spike at record levels, there is real pain overwhelming the real economy.

One where people rely on paychecks, not their investments to pay for their bills and their meals and their children's needs. You won't see this pain if your scorecard is how things are going on wall street, but you will see it very clearly if you examine what the twin crises of a pandemic and this sinking economy have laid bare.

The growing divide between those few people at the very top who are doing quite well in this economy and the rest of America. Just since this pandemic began, the wealth of the top 1% of the nation has grown roughly $1.5 trillion since end of last year, four times the amount for the entire bottom 50% of American wage-earners.

Some 18 million Americans are still relying on unemployment insurance. Some 400,000 small businesses have permanently closed their doors. And it's not hard to see that we're in the middle of the once in several generations economic crisis with a once in several generations public health crisis.

이것이 오늘날 우리가 미국에서 마주하는 현실입니다. 이 춥고 어두운 팬데믹의 한가운데에서 입원과 사망이 기록적인 수준으로 증가하고 있습니다. 실물 경제를 압도하는 진정한 고통이 존재하고 있습니다.

실제로 국민들은 청구서를 지불하고, 먹을거리를 사고, 아이들을 키우기 위해 투자가 아닌 임금에 의존합니다. 월스트리트 평가표만 보면 이 고통이 보이지 않습니다.(번역가주- 주식시장의 증가세를 의미함) 하지만 주위를 살펴보면, 팬데믹과 경기침체의 동시다발적 위기가 무엇을 드러내고 있는지 분명하게 볼 수 있을 것입니다.

승승장구하는 소수의 최고위층 사람들과 나머지 사람들의 격차가 현 경제 상황에서 점점 커지고 있습니다. 코로나19 유행 이후 미국 상위 1%의 재산은 작년 말 이후 약 1조 5천억 달러 증가했습니다. 미국 하위 임금 노동자 50%의 소득을 다 합친 것보다 4배가 많습니다.

반면, 약 1800만 명의 국민들은 여전히 실업 보험에 의존하고 있고 약 40만 개의 소규모 사업체들이 영구적으로 문을 닫았습니다. 몇 세대에 한 번 겪을 만한 경제적 위기 및 보건 위기의 한가운데에 우리가 놓여있는 것입니다.

The crisis of deep human suffering is in plain sight and there's no time to waste. We have to act and we have to act now. This is what economists are telling us. More importantly, it's what the values we hold dear in our hearts, as Americans are telling us.

Our growing chorus of top economists agree that in this moment of crisis, with interest rates at historic lows, we can not afford inaction. It's not just that smart fiscal investments, including deficit spending, are more urgent than ever, it's that the return on these investments in jobs, racial equity, will prevent long-term economic damage and the benefits will far surpass the cost.

A growing number of top economists have shown, even our debt situation will be more stable, not less stable if we seize this moment with vision and purpose.

And so tonight I'd like to talk to you about our way forward. A two-step plan of rescue and recovery, a two-step plan to build a bridge to the other side of the crisis we face to a better, stronger, more secure America.

Check the Vocabulary

in plain sight 앞이 잘 보이는 | **dear in our hearts** 우리 마음 속 깊이 | **chorus** 이구동성 |
interest rate 이율 | **inaction** 행동하지 않음 | **smart** 현명한 | **fiscal investment** 재정 투자 |

명백히 보이는 인간의 깊고 고통스러운 위기를 앞에 두고 더 이상 지체할 시간이 없습니다. 당장 행동에 나서야 합니다. 경제학자들의 메시지이기도 하지만, 더 중요한 것은, 미국민들이 말하는 것처럼 그것이 우리 마음 속 깊이 있는 가치관이기 때문입니다.

최고 경제학자들은, 역사적으로 이율이 낮은 지금 같은 위기의 순간에 가만히 있을 여유가 없다고 이구동성으로 말합니다. 적자지출을 포함한 현명한 재정 투자가 어느 때보다 시급하다는 것만 의미하지 않습니다. 일자리와 인종평등에 투자를 하고 수익을 냄으로써 장기적인 경제손실을 막게 될 것이며, 그 이익이 투자비용을 훨씬 능가하게 될 것이라는 뜻입니다.

우리가 이 기회를 비전과 목적을 갖고 포착하면, 부채 상황조차 더 안정적으로 될 수 있다는 것을 보여주는 최고 경제학자들이 점점 증가하고 있습니다.

그래서 저는 오늘 밤, 우리가 앞으로 어떻게 나아갈지 말씀 드리고자 합니다. 우리는 구조와 복구의 2단계 계획을 짜고 있습니다. 우리가 직면한 위기의 반대편으로 가는 다리를 건설하여 더 나은, 더 강한, 더 안전한 미국을 만드는 계획입니다.

23-04

Tonight, I'll lay out my first step, the American Rescue Plan that will tackle the pandemic and get direct financial assistance and relief to Americans who need it the most.

Next month, in my first appearance before a joint session of Congress, I will lay out my Build Back Better Recovery Plan. It'll make historic investments in infrastructure, that Build Back Better plan. Infrastructure, manufacturing, innovation, research and development, and clean energy, investments in a caregiving economy and skills and training needed by our workers to be able to compete and win in the global economy of the coming years.

Moody's, an independent Wall Street firm, said my approach will create more than 18 million good paying jobs. Our rescue and recovery plan is a path forward, with both seriousness of purpose and a clear plan with transparency and accountability with a call for unity that is equally necessary. And unity is not some pie in the sky dream, it's a practical step to getting the things we have to get done as a country get done together.

Check the Vocabulary

lay out 설명하다 | **tackle** 맞서다 | **financial assistance** 재정 지원 | **relief** 구호품 | **joint session** 합동회의 | **Congress** 의회 | **the coming years** 앞으로 | **seriousness** 진지함 |

오늘 밤 저는, 미국 구조 계획(American Rescue Plan)의 첫 번째 단계를 설명할 것입니다. 팬데믹에 맞서면서, 도움이 가장 시급한 국민에게 직접적으로 재정 지원과 구호품을 공급하는 계획입니다.

다음 달, 저는 의회합동회의에 앞서 '더 나은 재건 계획(Build Back Better Recovery Plan)'을 설명할 것입니다. 우리는 이 계획을 통해 인프라, 제조, 혁신, 연구, 개발, 그리고 청정에너지에 역사적인 투자를 할 것입니다. 또한, 우리 노동자들이 앞으로 세계 경제에서 경쟁하고 이길 수 있도록, 그들에게 필요한 돌봄 경제, 기술 및 훈련에 투자할 것입니다.

월스트리트에서 독립한 무디스는, 우리의 방식을 통해 1800만 개 이상의 보수 좋은 일자리가 창출될 것이라고 말했습니다. 우리의 구조 및 복구 계획은 목적의 진지함, 투명성, 책임감을 갖춘 명확한 계획으로, 앞을 향해 나아가는 길입니다. 그 길은 단합을 요구합니다. 단합은 헛된 꿈이 아닙니다. 우리가 함께 해야 할 일을 하기 위한 실질적 단계입니다.

transparency 투명성 | **accountability** 책임감 | **pie in the sky** 헛된 기대 | **practical** 실질적인

Joe Biden Speech on
COVID-19 Economic Recovery Plan(2)

조 바이든 코로나19 경제회복 플랜 연설(2)

2021년 1월 14일. 델라웨어주 윌밍턴 더퀸 극장

미국의 코로나19 생계유지책

코로나19로 인한 어려움에서 벗어나기 위해 어떤 정책을 펼칠 것인지 말하는 장이다. 바이든 대통령 당선자는 백신 접종이 이뤄지고, 학교가 다시 안전하게 문을 열 수 있도록 할 것이라고 말하였다. 한편으로, 큰 타격을 입은 국민들을 현금으로 구제할 것이라고 언급하고 있다.

24-01

As I said when it passed in December, the bi-partisan COVID-19 relief package was a very important first step. I'm grateful for the Democrats, Republican and Independent members of Congress who came together to get it done. But I said at the time, it's just a down payment. We need more action, more bipartisanship, and we need to move quickly, we need to move fast.

Our rescue plan starts aggressively in order to speed up our national COVID-19 response. The vaccines offer so much hope and we're grateful to the scientists and researchers and everyone who participated in the clinical trials. We're also grateful for the rigorous review and testing that has led to millions of people around the world already being vaccinated safely.

But the vaccine rollout in the United States has been a dismal failure thus far. Tomorrow I will lay out our vaccination plan to correct course and meet our goal of 100 million shots at the end of my first 100 days as president. This would be one of the most challenging operational efforts we have ever undertaken as a nation.

We'll have to move heaven and earth to get more people vaccinated, to create more places for them to get vaccinated, to mobilize more medical teams, to get shots in people's arms, to increase vaccine supply and to get it out the door as fast as possible.

Check the Vocabulary

bi-partisan 초당파적 | **relief package** 구제 패키지(여러 법안을 하나로 묶음) | **it's just a down payment** 시작에 불과하다, 첫 단추에 불과하다 | **bipartisanship** 초당파적 협력 | **aggressively** 적

238

12월에 법안이 통과되었을 때 말씀드렸듯이, (번역가주- 코로나19 구제 패키지 법안이 국회에서 통과된 것을 의미함) 초당파적 코로나19 구제 패키지는 매우 중요한 첫 단계였습니다. 이 일을 성사시켜주신 민주당과 공화당과 무소속 의원들에게 감사의 말씀을 드립니다. 하지만 말씀드렸듯 첫 단추에 불과하기 때문에, 초당적으로 협력하여 더 많이 움직여야 합니다. 빠른 대처가 필요합니다.

코로나19에 대한 국가 차원의 대응 속도를 높이기 위해 우리의 구조 계획을 적극적으로 시작할 것입니다. 현재 백신이 많은 희망을 안겨주고 있습니다. 백신을 개발한 과학자들과 연구자들 그리고 임상 실험에 참여한 모든 분께 감사드립니다. 또한, 전 세계 수백만의 사람들이 안전하게 예방접종 받을 수 있도록, 엄격하게 검토하고 테스트해 준 분들에게도 감사드립니다.

그러나 참담하게도 미국의 백신 출시는 지금까지 성공하지 못했습니다. 내일 저는 경로를 수정하여, 임기 첫 100일 동안 백신 1억 회분 예방접종 목표를 달성하는 계획을 발표할 것입니다. 국가가 맡는 가장 어려운 작전 중 하나가 될 것입니다.

우리는 백신 공급을 늘리고, 가능한 빨리 조달하고, 더 많은 의료팀을 동원하고, 백신 접종처를 늘려서, 더 많은 사람이 백신을 접종할 수 있도록 백방의 노력을 다할 것입니다.

We'll also do everything we can to keep our educators and students safe, to safely reopen the majority of our K through eight schools by the end of the first 100 days. We can do this if we give the school districts, the schools themselves, the communities, the states, the clear guidance they need as well as the resources they need, that they can't afford right now because of the economic dilemma they're in. That means more testing and transportation, additional cleaning and sanitizing services in those schools, protective equipment and ventilation systems in those schools.

We need to make sure that workers who have COVID-19 symptoms are quarantined and those who need to take care of their family members with COVID-19 symptoms should be able to stay home from work and still get paid. This will reduce the spread the virus and make sure workers get the support they need to maintain their families. But they need about, we need about 400 billion in funding from Congress to make all of what I just said happen. It's a great deal, but I'm convinced we are ready to get this done. The very health of our nation is at stake.

우리는 또한, 교육자와 학생들을 안전하게 지키도록 모든 노력을 할 것입니다. 취임 후 첫 100일 안에 유치원에서 중학교까지 대부분의 학교가 안전하게 다시 문을 열도록 할 것입니다. 학군과 학교와 지역사회와 각 주에 명확한 지침을 내리고, 그들이 지금 당장 경제적 딜레마 때문에 살 수 없는 자원들을 제공한다면 가능한 일입니다. 더 많이 바이러스를 검사하고 더 많은 통학버스를 운영하는 동시에,(번역가 주- 통학버스 수를 늘려 사회적 거리두기를 용이하게 하려는 조치로 볼 수 있음.) 학교를 보다 청결하게 하면서 보호 장비와 환기 시스템을 추가하면, 학교를 다시 열 수 있게 될 것입니다.

코로나19 증상이 있는 노동자는 격리조치 되어야 하고, 코로나19 증상이 있는 가족을 돌봐야 하는 노동자는 일하지 않아도 여전히 급여를 받을 수 있어야 합니다. 이렇게 하면, 바이러스 확산을 줄이면서 노동자들은 가정을 부양하는 데 필요한 지원을 받을 수 있게 될 것입니다. 이 모든 것을 실현하기 위해서는 4000억 달러에 대한 국회의 승인이 필요합니다. 큰 금액이라는 것을 압니다. 하지만 저는 우리가 이 일을 할 준비가 되었다고 확신합니다. 이 정책에 국민의 건강이 달려있기 때문입니다.

Check the Vocabulary

하다 | **convinced** 확신을 가진 | **at stake** 성패가 달려있는

Our rescue plan also includes immediate relief to Americans, hardest hit, and most in need. We will finish the job of getting a total of $2,000 in cash relief to people who need it the most. The $600 already appropriated is simply not enough. You just have to choose between paying rent and putting food on the table. Even for those who have kept their jobs, these checks are really important.

You see, if you're an American worker making $40,000 a year with less than $400 in savings, maybe you've lost hours, or maybe you're doing fewer shifts driving a truck or caring for the kids or the elderly. You're out there, putting your life on the line to work during this pandemic and worried every week that you'll get sick, lose your job or worse. $2,000 is going to go a long way to ease that pain.

It will also provide more peace of mind for struggling families by extending unemployment insurance beyond the end of March for millions of workers. That means that 18 million Americans currently relying on unemployment benefits, while they look for work, can count on these checks continuing to be there.

Check the Vocabulary

immediate 즉시 | **appropriate** 책정하다 | **saving** 저축 | **shift** 교대 근무 | **on the line** 경계선상에 | **go a long way** 큰 영향을 미치다 | **ease pain** 고통을 줄이다 | **unemployment insurance**

우리의 구조 계획은 또, 큰 타격을 입어 가장 도움이 필요한 국민에 대한 즉각적인 구제를 담고 있습니다. 그들에게 총 2,000 달러의 현금을 지원하는 일을 마무리할 것입니다. 이미 600달러가 책정되었지만 그것으로는 충분하지 않습니다. 당장 집세를 낼지 먹을 것을 살지 선택해야 하는 상황입니다. 직업을 가진 사람들에게도 이러한 경제적 지원이 굉장히 중요합니다.

만약 여러분이 연간 4만 달러를 벌면서 400달러 미만을 저축하는 미국 노동자라면, 여러분의 일하는 시간이 줄어들었거나, 트럭을 운전하는 교대 근무가 줄어들었거나, 아이나 노인을 돌보는 일의 교대 근무가 줄어들었다는 뜻입니다. 여러분은 코로나로 인해 아프거나 일자리를 잃을지 모른다고 걱정하면서, 매주 목숨을 걸고 직장에 나가고 있습니다. 2000달러라면 그 고통을 줄일 수 있을 것입니다.

또한 이 구제책을 통해, 수백만 노동자의 실업보험이 3월 말 이후에도 연장되도록 함으로써, 어려운 가정들에게 심리적 안정을 줄 것입니다. 다시 말해, 현재 실업수당에 의존하고 있는 1,800만 명의 국민들은 일자리를 구하는 동안 국가의 지원에 계속해서 기댈 수 있게 될 것입니다.

Check the Vocabulary

실업 보험 | **count on** 의지하다

Plus, it will be a $400 per week supplement so people can make ends meet. This gets money quickly into the pockets of millions of Americans who will spend it immediately on food and rent and other basic needs. As the economists tell us, that helps the whole economy grow. It will also tackle the growing hunger crisis in America.

As I speak, and the Vice President Elect has spoken to this many times, one in seven households in America, more than one in five Black and Latino households in America, report they don't have enough food to eat. This includes 30 million adults and as many as 12 million children. It's wrong, it's tragic, it's unnecessary, it's unacceptable.

So we're going to extend emergency nutritional assistance for 43 million children and their families enrolled in the SNAP program through the rest of this year. We'll help hard hit restaurants prepare meals for the hungry, provide food for the families who need it. We will invest $3 billion in making sure mothers and their young children have the nutrition they need. This will not only meet our moral obligation we have to one another, but it'll also spur economic growth, get restaurants and workers back on the job.

Check the Vocabulary

supplement 추가 | **make ends meet** 생계를 유지하다 | **hunger crisis** 기아 위기 | **tragic** 비극 | **unacceptable** 받아들일 수 없는 | **emergency nutritional assistance** 긴급 영양 지원 |

또한, 사람들이 생계를 유지할 수 있도록 주당 400달러의 실업급여를 추가로 지급할 것입니다. 그렇게 되면 수백만 명의 주머니에 재빨리 들어간 돈이, 곧바로 음식과 집세 및 다른 필요한 것들을 사는데 쓰일 것입니다. 그로 인해, 경제학자들이 말했듯 전체 경제가 성장하는 한편, 국내에서 증가하는 기아 위기에 대처할 수 있게 될 것입니다.

부통령 당선자가 여러 번 말했습니다. 미국에서 일곱 가구 중 한 가구가, 흑인 및 라틴계 가구의 5분의 1 이상이, 충분히 먹지 못한다고 말입니다. 3천만 명의 성인과 1천 2백만 명의 어린이들이 굶주리고 있다는 것입니다. 이것은 잘못된 것입니다. 우리의 비극이자 충분히 일어나지 않을 수 있는 일입니다. 받아들일 수 없는 현실입니다.

따라서, 올해 남은 기간 동안 영양보충지원(SNAP) 프로그램에 등록된 4천 3백만 명의 어린이와 그 가족을 위해 긴급 영양 지원을 확대할 예정입니다. 큰 타격을 입은 식당이 배고픈 가족들을 위해 식사를 준비하고 음식을 제공하도록 할 것입니다. 또한, 30억 달러를 투자해 엄마와 아이들이 필요한 영양분을 섭취하도록 할 것입니다. 이를 통해, 우리가 서로에게 도덕적 의무를 다하게 할 뿐만 아니라, 경제 성장에 박차를 가해 식당과 노동자들이 다시 일터로 돌아오게 할 것입니다

Joe Biden Speech on
COVID-19 Economic Recovery Plan(3)

조 바이든 코로나19 경제회복 플랜 연설(3)

2021년 1월 14일. 델라웨어주 윌밍턴 더퀸 극장

미국 경제를 재건할 납세자의 돈

경기부양책의 재원인 납세자의 돈에 대해 말하는 장이다. 바이든 대통령 당선자는 납세자의 돈을 책임감 있게 사용하여, 국민과 아동을 빈곤에서 벗어나게 할 것이라고 말하였다. 또한, 최저 임금을 시급 15달러로 인상하여 누구도 빈곤에 시달리게 하지 않을 거라고 언급하고 있다.

25-01

And as we work to keep people from going hungry, we'll also work to keep a roof over their heads, to stem the growing housing crisis and evictions that are looming. Approximately 14 million Americans have fallen behind on rent, many at risk of eviction. If we don't act now, there'll be a wave of evictions and foreclosures in the coming months as the pandemic rages on. This would overwhelm emergency shelters, increase COVID-19 infections as people have nowhere to go and can't socially distance.

Next week, we'll take action to extend nationwide restrictions on evictions and foreclosures. This will provide more than 25 million Americans greater stability instead of living on the edge every single month. And I'm asking Congress to do its part by funding rental assistance for 14 million hard hit families and tenants. It will also be a bridge to economic recovery for countless mom and pop landlords.

우리는 국민들의 굶주림을 해결하는 동시에, 다가오는 주택 위기와 강제퇴거를 막고 국민들의 보금자리를 지킬 것입니다. 약 1400만 명의 국민들이 집세를 연체했고 많은 이들이 강제 퇴거당할 위기에 처해 있습니다. 지금 행동하지 않으면, 앞으로 몇 달 동안 팬데믹이 맹위를 떨치는 가운데 많은 퇴거와 압류 사태가 발생할 것입니다. 그렇게 되면 갈 곳 없고 사회적으로 거리를 둘 수 없는 사람들이 긴급 대피소로 몰려들면서, 코로나19의 전염성을 증가시킬 것입니다.

다음 주에 우리는 퇴거와 압류를 전국적으로 제한하는 조치를 취할 것입니다. 이를 통해 2500만 명 이상의 국민들이 매달 근근이 살아가는 대신, 좀더 안정적으로 지낼 수 있게 될 것으로 기대합니다. 의회에 1400만 명의 어려운 가정과 세입자를 위한 임대 지원금 마련을 요청 드립니다. 수많은 구멍가게 수준의 집주인들에게도 경제회복의 가교가 될 것입니다.

Check the Vocabulary

infection 전염 | **live on the edge** 근근이 살아가다 | **mom and pop landlords** 구멍가게 수준의 집주인

These crises are straining the budgets of states and cities and tribal communities that are forced to consider layoff and service restrictions of the most needed workers. It means that people putting their lives at risk are the very people now at risk of losing their jobs, police officers, firefighters, all first responders, nurses, educators. You know, over the last year alone, over 600,000 educators have been lost - have lost their jobs in our cities and towns. Our rescue plan will provide emergency funding to keep these essential workers on the job and maintain essential services. It will ensure that vaccines are administered and schools can reopen.

Vice President Elect Harris and I had been speaking with county officials, mayors, governors of both parties on a regular basis. We're ready to work with them to help them get the relief they need.

Our rescue plan will also help small businesses that are the engines of our economic growth, our economy as a whole, the glue that holds communities together as well. But they're hurting badly and you realize they account for nearly half of the entire total US workforce. Our rescue plan will provide flexible grants to help those hardest hit small businesses survive the pandemic and the low cost capital that will help entrepreneurs of all backgrounds create and maintain jobs, plus provide the essential goods and services that communities depend upon.

Check the Vocabulary

strain 한계에 이르게 하다 | **layoff** 해고 | **restriction** 제한 | **first responder** 응급 구조원 | **administer** 투여하다 | **on a regular basis** 정기적으로 | **flexible grant** 유연한 보조금 | **low**

현재의 위기들은 주와 도시와 부족 지역사회의 예산을 한계에 이르게 하여, 그들로 하여금 필수 노동자들의 서비스를 제한하고 해고를 고려하도록 몰아붙이고 있습니다. 경찰관, 소방관, 응급 구조원, 간호사, 교육자 등 목숨을 걸고 일했던 이들이 이제 일자리를 잃을 위기에 처한 것입니다. 작년 한 해 동안만 60만 명 이상의 교육자들이 도시와 마을에서 일자리를 잃었습니다. 우리의 구조 계획은, 이러한 필수 노동자들이 우리에게 필수적인 서비스를 지속적으로 공급하도록 긴급자금을 제공하는 것입니다. 또한, 백신이 투여되고 학교가 다시 문을 열 수 있도록 보장하는 것입니다.

해리스 부통령 당선자와 저는 양당의 지역 관계자, 시장, 주지사들과 정기적으로 대화를 나눴습니다. 우리는 그들과 협력하여 그들에게 필요한 구호를 제공할 준비가 되어 있습니다.

우리의 구조 계획은 또한, 우리 지역사회를 하나로 묶고 경제성장에 원동력을 제공하는 중소기업을 돕는 것입니다. 미국 전체 노동력의 거의 절반을 차지하고 있는 중소기업들이 심한 타격을 받고 있습니다. 구조 계획을 통해, 가장 치명타를 입은 중소기업이 팬데믹 상황에서 살아남도록, 그들에게 유연한 보조금을 제공할 것입니다. 또한, 모든 기업가가 일자리를 창출하고 유지할 수 있도록 저비용 자본을 제공할 것입니다. 그 결과, 중소기업은 지역사회가 의존하고 있는 필수 상품과 서비스를 다시 제공할 수 있게 될 것입니다.

25-03

Last week, I laid out how we will make sure that our emergency small business relief is distributed swiftly and equitably, unlike the first time around. We're going to focus on small businesses on Main Street, we'll focus on minority owned small businesses, women owned small businesses and finally having equal access to the resources they need to reopen and to rebuild.

And we will be responsible with taxpayers' dollars, ensuring accountability that reduces waste and fraud and abuse like we did in the Recovery Act that I administered in our administration. Direct cash payments, extended unemployment insurance, rent relief, food assistance, keeping essential frontline workers on the job, aid to small businesses. These are the key elements to the American Rescue Plan that would lift 12 million Americans out of poverty and cut child poverty in half.

That's 5 million children lifted out of poverty if we move. Our plan will reduce poverty in the Black community by 1/3, to reduce poverty in the Hispanic community by almost 40%.

Check the Vocabulary

distribute 배포하다 | **swiftly** 신속히 | **equitably** 공정하게 | **unlike** ..와 달리 | **Main Street** 중심가 | **minority** 소수민족 | **accountability** 책임감 | **fraud** 사기 | **extend** 연장하다 |

지난주에 저는, 긴급 중소기업 구제가 처음과 달리 신속하고 공정하게 배포되도록 우리가 어떻게 할 것인지를 말씀드렸습니다. 우리는 중심가에 있는 소규모 사업과 소수 민족이나 여성이 소유하는 소규모 사업체에 주력하고, 그들이 사업을 재개하고 재구축하는 데 필요한 자원에 동등하게 접근하도록 도울 것입니다.

또한, 우리 정부는 납세자들의 돈을 책임감 있게 사용하여, 제가 (오바마) 행정부에서 경기부양책(Recovery Act)을 수행했던 때와 같이 낭비와 사기와 남용을 줄일 것입니다. 직접적인 현금 지급, 실업 보험 연장, 임대료 구제, 식량 지원, 필수 인력 유지, 중소기업 지원 등을 미국구조계획(American Rescue Plan)의 핵심요소로 삼아, 1200만 국민을 빈곤에서 벗어나게 하는 한편, 아동 빈곤을 반으로 줄일 것입니다.

우리가 행동하면 5백만 명의 아이들이 가난에서 벗어날 수 있습니다. 우리의 계획은 흑인 사회의 빈곤을 3분의 1로 줄이고 히스패닉 사회의 빈곤을 거의 40%까지 줄일 것입니다.

Check the Vocabulary

unemployment insurance 실업보험 | **rent relief** 임대료 구제 | **essential frontline worker** 필수 일선 노동자 | **poverty** 빈곤

And it includes much more like an increase in the minimum wage to at least $15 an hour. People tell me that's going to be hard to pass, Florida just passed it. As divided as that state is, they just passed it. The rest of the country is ready to move as well.

Should be a national minimum wage of $15 an hour. No one working 40 hours a week should live below the poverty line. That's what it means. If you work for less than $15 an hour and work 40 hours a week, you're living in poverty. It includes access to affordable childcare that will come to enable parents, particularly women to get back to work.

I look forward to working with members of Congress in both parties, to move quickly to get the American Rescue Plan to the American people. Then we can move with equal urgency and bipartisanship to my Build Back Better recovery plan that I will call for next month to generate even more economic growth.

Check the Vocabulary

minimum wage 최저임금 | **rest** 나머지 | **live below the poverty line** 빈곤선 아래에서 살다, 궁핍하게 살다 | **affordable** 감당할 수 있는 | **enable** 가능하게 하다 | **both parties** 양당 | **urgency**

우리의 계획에는 최저 임금을 시간당 최소한 15달러로 인상하는 것 같은 안도 포함되어 있습니다. 사람들은 그것이 통과되기 힘들 것이라고 말하지만, 플로리다에서 방금 통과되었습니다. 내부 분열이 극심함에도 불구하고 승인한 것입니다. 나머지 주들도 움직일 준비가 되었습니다.

시간당 최저 임금은 전국적으로 15달러가 되어야 합니다. 일주일에 40시간 일하는 누구도 빈곤에 시달려서는 안 됩니다. 만약 여러분이 주 40시간을 일하면서 15달러 이하의 시급을 받는다면, 여러분은 궁핍하게 살아가고 있는 것입니다. 여성들의 경우 직장으로 복귀하려고 해도 아이를 맡길 돈이 없는 것입니다.

양당 의원들과 함께 협력하여 미국구조계획(American Rescue Plan)을 신속하게 실행할 수 있기를 기대합니다. 그러면, 더 많은 경제적 성장을 위해 제가 다음 달에 요청할 '더 나은 재건(Build Back Better)' 계획에 대해, 똑같이 긴급하고 초당적으로 움직일 수 있을 것입니다.

Check the Vocabulary

긴급성 | **bipartisanship** 초당적 협력

Joe Biden Speech on
COVID-19 Economic Recovery Plan(4)

조 바이든 코로나19 경제회복 플랜 연설(4)

2021년 1월 14일. 델라웨어주 윌밍턴 더퀸 극장

지금은 투자해야 할 때

많은 재원을 투자하여 재건할 미국 경제에 대해 말하는 장이다. 바이든 대통령 당선자는 계획을 실행하는 데 적지 않은 예산이 들지만, 문제를 해결하지 못하면 더 큰 희생을 치르게 될 거라고 말했다. 따라서 과감하고 현명한 투자가 필요하다고 언급하고 있다.

26-01

American manufacturing was the arsenal of democracy in World War II. It will be so again.

Imagine a future made in America, all made in America and all by Americans. We'll use taxpayers' dollars to rebuild America. We'll buy American products, supporting millions of American manufacturing jobs, enhancing our competitive strength in an increasingly competitive world.

Imagine historic investments in research and development to sharpen America's innovative edge in markets where global leadership is up for grabs, markets like the battery technology, artificial intelligence, biotechnology, clean energy.

Imagine confronting the climate crisis with American jobs and ingenuity leading the world. It's time to stop talking about infrastructure and to finally start building an infrastructure so we can be more competitive.

Millions of good paying jobs that put Americans to work, rebuilding our roads, our bridges, our ports, to make them more climate resilient, to make them faster, cheaper, cleaner to transport American made goods across our country and around the world. That's how we compete.

Check the Vocabulary

arsenal 무기 | manufacturing 제조업 | enhance 강화하다 | competitive strength 경쟁력 | up for grabs 쉽게 차지할 수 있는 | confront 정면으로 맞서다 | ingenuity 독창성 | climate

미국의 제조업은 2차 세계대전 때 민주주의를 이루는 무기가 되었습니다. 이번에도 그렇게 될 것입니다.

오롯이 미국과 미국인에 의해 만들어지는 미래를 상상해보세요. 우리는 국민의 세금으로 미국을 재건할 것입니다. 미국 제품을 구매하여 수백만 개의 미국 제조업 일자리를 지원하고, 갈수록 경쟁이 치열해지는 세계에서 미국의 경쟁력을 강화할 것입니다.

연구 개발에 대한 미국의 역사적인 투자를 상상해보세요. 배터리 기술, 인공 지능, 생명 공학, 청정에너지와 같이 글로벌리더십을 쉽게 차지할 수 있는 시장에서 미국의 혁신적 우위를 강화하게 될 것입니다.

세계를 선도하는 일자리와 독창성으로 기후위기에 정면으로 맞서는 미국을 상상해보세요. 지금은 인프라에 대한 논쟁을 멈추고 인프라 구축을 시작하여 미국의 경쟁력을 키울 때입니다.

우리는 국민들에게 수백만 개의 보수 좋은 일자리를 제공할 것입니다. 그들로 하여금 기후 탄력적인 도로와 다리와 항구를 재건하게 하여, 미국산 제품을 미국 전역과 세계에 더 빠르고, 저렴하고, 청결하게 운송할 것입니다. 우리는 그렇게 경쟁할 것입니다.

And imagine millions of jobs in the caregiving economy to ease the financial burden of caring for young children and aging loved ones. Let's make sure our caregivers, mostly women, women of color, immigrants have the same pay and dignity that they deserve so we can do these bold practical things now. Now.

I know what I just described does not come cheaply, but failure to do so will cost us dearly. The consensus among leading economists is we simply can not afford not to do what I'm proposing. Independent, respected institutions from around the world, from the Federal Reserve to the International Monetary Fund have underscored the urgency. Even Wall Street firms have reinforced the logic.

If we invest now boldly, smartly and with unwavering focus on American workers and families, we will strengthen our economy, reduce inequity and put our nation's longterm finances on the most sustainable course. And where we're making permanent investments, recurring investments.

Check the Vocabulary

ease 덜다 | **financial burden** 경제적 부담 | **care for** 보살피다 | **aging loved ones** 사랑하는 어른들 | **caregiver** 돌봄자 | **immigrant** 이민자 | **deserve** 받을 가치가 있다 | **dearly** 큰 희생을 치르

260

여러분, 아이들과 사랑하는 어른들을 돌보는 데 드는 경제적 부담을 덜어줄 돌봄경제로 인해 창출될 수백만 개의 일자리를 상상해보세요. 여성과 유색인종과 이민자들로 주로 구성된 돌봄자들이 그들에게 마땅한 임금과 존중을 받도록 함으로써, 대담하지만 실용적인 일들을 지금, 지금 해나갑시다.

우리의 계획을 실행하는 데 적지 않은 예산이 드는 것을 알고 있습니다. 하지만 문제를 해결하지 못하면 큰 희생을 치르게 될 것입니다. 일류 경제학자들은 입을 모아, 지금 제가 제안하는 것들을 하지 않을 여유가 우리에게 없다고 말합니다. 미국연방준비제도(Federal Reserve)에서 국제통화기금(IMF)에 이르기까지 전 세계의 독립적이고 존경받는 기관들이 그 긴급함을 강조하고 있습니다. 심지어 월가의 기업들도 목소리를 보태고 있습니다.

지금, 과감하고 현명하고 확고하게 미국 노동자와 가정에 투자한다면, 우리의 경제를 더 튼튼하게 만들고 불평등을 줄일 수 있을 것입니다. 또한, 이 나라의 장기 재정을 영구적이고 순환적으로 투자하는 가장 지속 가능한 궤도에 올려놓게 될 것입니다.

Check the Vocabulary

는 | **underscore** 강조하다 | **urgency** 긴급함 | **reinforce logic** 논리를 강화하다 | **unwavering** 확고한 | **permanent** 영구적인 | **recurring** 순환하는

26-03

As I said on the campaign trail, we will pay for them by making sure that everyone pays their fair share, not punishing anybody. You can do it without punishing a single person by closing tax loopholes for companies that ship jobs overseas or that allow American companies, 90 of them in the top Fortune 500, to pay zero in federal income taxes. Asking everyone to pay their pair of fair share at the top, so we can make permanent investments to rescue and rebuild America. It's the right thing for our economy. It's the fair thing. It's the decent thing to do.

We not only have an economic imperative to act now, I believe we have a moral obligation. In this pandemic in America, we can not let people go hungry. We can not let people get evicted. We can not watch nurses, educators, and others lose their jobs, we so badly need them. We must act now and act decisively.

Check the Vocabulary

on the campaign trail 선거 유세장에서 | **pay one's fair share** 공정한 몫을 지불하다 | **punish** 처벌하다 | **ship** 보내다 | **federal income tax** 연방 소득세 | **decent** 제대로 된 | **imperative** 반드

262

선거 유세장에서 말씀드렸듯이, 누구도 처벌하지 않으면서 모두가 공정한 몫을 지불하게 할 것입니다. 일자리를 해외로 보내는 기업이 있습니다. 포춘지 선정 500대 기업 중 90개 기업이 연방소득세를 납부하지 않는 세금 루프홀(loophole · 법률상의 예외)이 존재합니다. 그것들을 막으면 어느 누구도 처벌할 필요가 없습니다. 모두가 공정한 몫을 지불하도록 요청하면서 미국을 구조하고 재건하는 영구적인 투자를 만들어낼 수 있습니다. 그것이 공정한 것입니다. 그것이 제대로 된 것입니다.

경제적으로 해야 할 일이 있는 것처럼 도덕적으로 해야 할 일도 있습니다. 이러한 팬데믹 상황에서 우리는 사람들을 굶주리게 놔둘 수 없습니다. 집에서 쫓겨나게 내버려둘 수 없습니다. 간호사, 교육자, 그리고 다른 사람들이 직장을 잃는 것을 지켜볼 수 없습니다. 그들이 우리에게 너무나 절실하게 필요하기 때문입니다. 그러므로 그들을 위해 단호히 행동해야 할 때입니다.

My fellow Americans, the decisions we make in the next few weeks and months are going to determine whether we thrive in a way that benefits all Americans or that we stay stuck in a place where those at the top do great, while economic growth for most everyone else is just a spectator sport and where American prospects, dim, not brighten.

These investments will determine whether we reassert American leadership and out-compete our competitors in a global economy. We're better equipped to do this in any nation in the world or that we watch them catch up and pass us by. Together, I know which path we'll choose. And that includes all Americans, so we can own the 21st century.

Check the Vocabulary

determine 결정하다 | **thrive** 번창하다 | **stay stuck in a place** 어떤 장소에 틀어박히다 |
spectator sport 구경하는 스포츠 | **prospect** 전망 | **dim** 어두운 | **out-compete competitor**

친애하는 국민 여러분, 앞으로 몇 주, 몇 달 동안 우리가 내리는 결정은, 우리가 모든 국민에게 이익이 되는 방향으로 번창할 지, 아니면 최고위층 사람들만 잘나가는 곳에서 틀어박혀 지낼 것인지를 결정할 것입니다. (최고위층 사람들의 장소는) 대부분의 사람들에게 경제 성장이 구경거리 스포츠에 불과하고, 미국의 전망이 어둡고 밝지 않은 곳입니다.

이번 투자는 우리가 세계 경제에서 미국의 리더십을 명확히 하고 경쟁자를 능가할 수 있는지를 결정할 것입니다. 세계 어느 나라보다 좋은 장비를 갖출지, 아니면 다른 나라들이 우리를 따라잡고 지나치는 것을 지켜볼지를 결정하게 될 것입니다. 함께한다면, 우리가 어떤 길을 선택할지 알고 있습니다. 모든 국민과 함께 하는 그 길을 통해, 21세기를 주도하는 나라가 됩시다.

President-elect Biden Remarks on Foreign Policy and National Security(1)

조 바이든 대통령 당선자 외교 정책 및 국가 안보 연설(1)

2020년 12월 28일. 델라웨어주 윌밍턴 더퀸 극장

전 세계 파트너와의 협력

트럼프 행정부에 이어 바이든 행정부에서도 미 · 중 대결구도가 이어질 전망이다. 바이든 대통령 당선자는 2020년 12월 28일 델라웨어주 윌밍턴에서의 연설을 통해 미국이 전 세계 동맹국과 협력하여 중국에 맞설 것을 밝혔다. 또한, 러시아의 사이버 공격에 대응해 역량을 구축할 것을 밝혔다. 정권이양 기간 동안 트럼프 행정부와 겪는 마찰과, 그럼에도 불구하고 국가안보 정책을 어떻게 펼쳐나갈 것인지를 단호한 어조로 설명하고 있다.

27-01

When we consider the most daunting threats of our time, we know that meeting them requires American engagement and American leadership, but also that none of them can be solved by America acting alone.

Take climate change, for example. The United States accounts for less than 15% of the global carbon emissions, but without clear, coordinated and committed approach from the other 85% of the carbon emitters, the world will continue to warm. Storms will continue to worsen. Climate change will continue to threaten the lives and livelihoods, and public health and economics of our existence and our, literally, the very existence of our planet.

We've learned so painfully this year the cost of being unprepared for a pandemic that leaps borders and circles the globe. If we aren't investing with our partners around the world to strengthen the health systems everywhere, we're undermining our ability to permanently defeat COVID-19 and we're leaving ourselves vulnerable to the next deadly epidemic.

Check the Vocabulary

daunting 위협적인 | **engagement** 참여 | **alone** 독자적으로 | **account for** 차지하다 | **clear** 명확한 | **coordinated** 협조된 | **committed** 헌신적인 | **approach** 접근 | **livelihood** 생계 | **leap**

268

우리 시대의 가장 큰 위협을 해결하기 위해 미국의 참여와 리더십이 필요합니다. 하지만 어느 것도 미국 독자적으로는 해결할 수 없습니다.

기후변화를 생각해봅시다. 미국은 전 세계 탄소 배출량의 15% 미만을 차지하지만, 나머지 85%의 탄소를 배출하는 국가들이 명확하고 협조적이고 헌신적으로 노력하지 않는 이상 전 세계는 계속해서 따뜻해지게 될 것입니다. 폭풍은 계속해서 거세질 것이고 기후변화는 우리의 생명과 생계를 위협할 것입니다. 우리의 보건과 경제, 그리고 말 그대로 지구의 존재 자체를 위협할 것입니다.

올해 우리는 국경을 넘나드는 팬데믹에 대비하지 않은 대가를 너무나 고통스럽게 배웠습니다. 만약 우리가 전 세계 파트너들과 함께 보건 시스템을 강화하는 데 투자하지 않는다면, 코로나19를 영구적으로 물리칠 수 있는 우리의 능력은 약화될 것이며, 다음에 찾아올 치명적인 전염병에도 취약하게 될 것입니다.

Check the Vocabulary

border 국경을 뛰어넘다 | **circle the globe** 세계를 맴돌다 | **vulnerable** 취약한 | **deadly** 치명적인
| **epidemic** 전염병

27-02

And as we compete with China, to hold China's government accountable for its trade abuses, technology, human rights, and other fronts, our position will be much stronger when we build coalitions of like-minded partners and allies that make common cause with us in defense of our shared interest and our shared values.

We make up only 25%, almost 25%, of the entire economy of the world, but together with our democratic partners, we more than double our economic leverage on any issue that matters to the US and China relationship from pursuing a foreign policy for the middle class including a trade and economic agenda that produces and protects American workers, our intellectual prosperity and the environment to ensuring security and prosperity in the Indo-Pacific region.

To championing human rights, we're stronger and more effective when we're flanked by nations that share our vision and the future of our world. That's how we multiply the impact of our efforts to make those efforts more sustainable. That's the power of smart, effective American leadership. But right now there's an enormous vacuum. We're going to have to regain the trust and confidence of a world that has begun to find ways to work around us or work without us.

Check the Vocabulary

accountable for ..에 대한 책임이 있는 | **trade abuse** 무역 남용 | **human rights** 인권 | **coalition** 연합 | **cause** 대의 | **economic leverage** 경제적 레버리지(지렛대 효과) | **intellectual**

한편으로, 우리는 중국과 경쟁하면서 무역 남용, 기술, 인권, 기타 분야에 대한 중국 정부의 책임을 묻고 있습니다. 우리와 공동의 이익과 가치를 갖고, 그것을 수호하는 대의를 같이하는 파트너 및 동맹국과 연합할 때, 우리의 입장은 한층 더 강해질 것입니다.

미국은 국제 경제에서 거의 25%의 비중을 차지하고 있습니다. 민주적 파트너들과 함께한다면 미·중 간 중요한 사안들에 대한 경제적 레버리지를 두 배 이상 늘릴 수 있습니다. 중산층을 위한 외교정책을 추구하는 것에서부터 인도-태평양 지역의 안보와 번영을 보장하는 것까지 말입니다. 중산층 외교정책에서는 미국 노동자, 우리의 지적 번영, 그리고 우리의 환경을 생산하고 보호하는 무역 및 경제 의제가 다뤄지게 될 것입니다.

인권을 위해 싸울 때에도 우리의 비전과 미래를 공유하는 국가들 옆에 설 때, 더 강해지고 더 큰 효과를 내게 될 것입니다. 이렇게 함으로써, 우리의 노력을 좀 더 지속가능하게 하면서 그 영향력을 배가시킬 수 있습니다. 이것이 스마트하고 효율적인 미국 리더십의 힘입니다. 하지만 지금은 엄청난 공백이 있습니다. 미국을 배제하고 움직이기 시작한 전 세계의 신뢰를 다시 받을 수 있도록 해야 할 것입니다.

Check the Vocabulary

prosperity 지적 번영 | **flank** 옆에 서다 | **multiply** 배가하다

We also heard from key leaders of our intelligence and defense review teams, including Stephanie O'Sullivan, former Principal Deputy Director of the National Intelligence and retired Army Lieutenant General, Karen Gibson. We talked about the different strategic challenges we're going to face from both Russia and China and the reforms we must make to put ourselves in the strongest possible position to meet those challenges. That includes modernizing our defense priorities to better deter aggression in the future, rather than continuing to overinvest in legacy systems designed to address threats of the past.

We have to be able to innovate, to reimagine our defenses against growing threats in new realms like cyberspace. We're still learning about the extent of the SolarWinds Hack and the vulnerabilities that have been exposed. As I said last week, this attack constitutes a grave risk to our national security.

We need to close the gap between where our capabilities are now and where they need to be to better deter, detect, disrupt, and respond to those sorts of intrusions in the future. This is an area Republicans and Democrats are in agreement, and we should be able to work on a bipartisan basis to better secure the American people against malign cyber actors.

Check the Vocabulary

former 전의 | **defense priority** 방어 우선순위 | **deter** 억제하다 | **aggression** 공격 |
overinvest 과도하게 투자하다 | **realm** 영역 | **grave risk** 중대한 위험 | **detect** 감지하다 | **disrupt**

우리는 또한, 스테파니 오설리반 전 국가정보부(National Intelligence) 부국장과 퇴역 육군 중장 캐런 깁슨을 비롯해 국방정보검토팀(intelligence and defense review teams) 주요 리더들의 의견을 들었습니다. 러시아와 중국과의 관계에서 직면하게 될 다양한 전략적 도전들과, 가장 강력한 위치에서 그것들에 대처하기 위해 우리가 해야 할 개혁에 대해 이야기했습니다. 과거의 위협에 대처하도록 설계된 레거시 시스템에 계속해서 과잉투자하는 것보다는, 미래의 공격을 더 잘 억제하기 위해 방어 우선순위를 현대화해야 한다고 이야기 나눴습니다.

또한 우리는, 사이버 공간과 같은 새로운 영역에서 증가하는 위협에 대한 방어를 구상하기 위해 혁신할 수 있어야 합니다. 여전히 솔라윈즈(SolarWinds) 해킹의 범위와 노출된 취약점에 대해 배우는 중입니다. 지난주에도 말씀 드렸듯이, 이번 공격은 국가안보에 중대한 위험을 초래하고 있습니다.

우리가 현재 가지고 있는 역량은, 향후 이러한 침입을 감지하고 중단시키고 대응하고 억제하는 역량에 미치지 못하고 있습니다. 그 격차를 극복해야 합니다. 공화당과 민주당 모두가 동의한 부분입니다. 초당적으로 협력하여, 악독한 사이버 행위자로부터 우리 국민을 더 잘 보호해야 할 것입니다.

27-04

And right now, as our nation is in a period of transition, we need to make sure that nothing is lost in the hand-off between administrations. My team needs a clear picture of our force posture around the world and our operations to deter our enemies. We need full visibility into the budget planning underway at the Defense Department and other agencies in order to avoid any window of confusion or catch up that our adversaries may try to exploit.

But as I said from the beginning, we have encountered roadblocks from the political leadership at the Department of Defense and the Office of Management and Budget. Right now, we just aren't getting all the information that we need from the outgoing administration in key national security areas. It's nothing short, in my view, of irresponsibility.

Check the Vocabulary

transition 과도기 | **hand-off** 이양 | **administration** 행정부 | **force posture** 군사력 태세 |
visibility 알아볼 수 있음 | **budget planning** 예산 계획 | **underway** 진행 중인 | **adversary** 적 |

현재 미국은 과도기에 있습니다. 행정부 간의 이양이 이뤄지는 단계에서 어떤 것도 손실되지 않도록 해야 합니다. 우리 인수위 팀은 적들을 저지하기 위해, 전 세계에서 우리의 군사력 태세와 작전 상황이 어떠한지 명확히 알아야 할 필요가 있습니다. 지금의 상황을 틈타 적들이 우리를 혼란스럽게 하거나 따라잡으려 할 수 있기 때문에, 국방부(Defense Department)와 기타 기관에서 진행 중인 예산 계획에 대한 완전한 파악이 필요합니다.

그러나 처음에 말씀드렸듯이 국방부(Department of Defense)와 예산관리국(Office of Management and Budget)의 정치적 리더십이 장애가 되고 있습니다. 현재 우리는 퇴임하는 행정부로부터 핵심 국가안보 영역에서 필요한 모든 정보를 얻지 못하고 있습니다. 그들이 무책임한 것이나 다름없습니다.

encounter 마주치다 | **roadblock** 장애 | **irresponsibility** 무책임

SPEECH

28

President-elect Biden Remarks on Foreign Policy and National Security(2)

조 바이든 대통령 당선자 외교 정책 및 국가 안보 연설(2)

2020년 12월 28일. 델라웨어주 윌밍턴 더퀸 극장

미국에 남아있는 역량

트럼프 전 대통령의 외교와 안보 정책을 바꿀 것이라고 말하는 장이다. 바이든 대통령 당선자는 트럼프 정부가 우리의 역량을 약화시키는 바람에 문제를 해결하기 어렵게 되었다고 말했다. 그러나, 존경과 전문성을 갖춘 기관의 전문가들의 브리핑을 들으면서 용기를 얻었다고 언급하고 있다.

Finally, we spoke about the day one challenge that we're going to need to address immediately, drawing on the skill sets of the Department of Homeland Security and the Federal Emergency Management Agency. We were briefed on the steps needed to clean up the humanitarian disaster that the Trump Administration has systematically created on our southern border. We will institute humane and orderly responses. That means rebuilding the capacity we need to safely and quickly process asylum seekers without creating near term crisis in the midst of this deadly pandemic.

These are hard issues. And the current administration has made them much harder by working to erode our capacity. It's going to take time to rebuild that capacity.

We're going to work purposely, diligently and responsibly to roll back Trump's restrictions starting on day one, but it is not as simple as throwing a switch to turn everything back on, especially amid a pandemic. We'll have to have a process to ensure everyone's health and safety, including the safety of asylum seekers hoping for a new start in the United States, free of violence and persecution.

Check the Vocabulary

skill set 능력 | **humanitarian disaster** 인도주의적 재앙 | **southern border** 남쪽 국경 |
institute 시작하다 | **humane and orderly response** 인도적이고 질서있는 대응 | **erode** 약화시

마지막으로 말씀드립니다. (선거기간 동안), 국토안보부(Department of Homeland Security)와 미국 연방재난관리청(Federal Emergency Management Agency)의 능력으로 즉시 해결해야 할 첫 번째 과제에 대해 말씀드렸습니다. 우리는 트럼프 행정부가 남쪽 국경에서 시스템화한 인도주의적 재앙을 끝내기 위해 필요한 조치에 대해 보고 받았습니다. 우리는 인도적이고 질서 있게 대응할 것입니다. 우리에게 필요한 역량을 다시 키워서, 치명적인 팬데믹 상황에서 망명 신청을 안전하고 빠르게 처리하는데 어떤 단기적 위기도 초래되지 않도록 할 것입니다.

그러나 어려운 문제입니다. 현 정부가 우리의 역량을 약화시키는 바람에, 이 문제가 훨씬 어렵게 되었습니다. 역량을 다시 키우는데 시간이 걸릴 것입니다.

취임 직후 트럼프 행정부가 만든 규제를 철회하기 위해 책임감과 목적을 가지고 부지런히 힘쓸 것이지만, 지금과 같은 팬데믹 상황에서는 한 방에 스위치를 켜듯 간단하게 되지 않을 것입니다. 그러나 반드시, 폭력과 박해가 없는 미국에서 새로운 출발을 희망하는 망명 신청자들의 안전을 포함해, 모든 국민의 건강과 안전이 보장되도록 절차를 밟아나갈 것입니다.

Check the Vocabulary

키다 | **capacity** 역량 | **roll back** 철회하다 | **asylum seeker** 망명 신청자 | **persecution** 박해

28-02

Of course, an essential part of this will be managing the safe, equitable, and efficient distribution of vaccinations to as many Americans as possible as quickly as possible. FEMA has an enormous part to play in this. And we heard from the former FEMA director, Craig Fugate, today. Want to make sure that our administration is poised to make full use of FEMA's domestic reach and capacity in managing our COVID response.

And finally, from every briefer, I was heartened, I was literally heartened to hear about the incredible strength we'll be inheriting in the career professionals and working people across these agencies.

They never stopped doing their jobs and continue to serve our country day in and day out to keep their fellow Americans safe just as they've always done. These agencies are filled with patriots who've earned our respect, and who should never be treated as political footballs.

I'm looking forward to the honor of working with them again, to asking further advice and inputs, to help shape the best possible policies for all Americans.

Check the Vocabulary

equitable 공정한 | **distribution** 분배 | **domestic reach** 국내 도달범위 | **hearten** 용기를 북돋우 다 | **inherit** 물려받다 | **patriot** 애국자 | **political football** 정치적 논쟁거리

이 문제를 해결하기 위해, 가능한 한 빨리 많은 국민에게 안전하고, 공정하고, 효율적으로 백신을 배분해야 할 것입니다. 이 부분에서 대해선 연방재난관리청(FEMA)이 큰 역할을 하고 있습니다. 오늘 전 청장인 크레이그 푸게이트를 통해, 연방재난관리청의 국내 도달범위와 역량을 최대한 활용하여 우리 행정부가 코로나19 대응을 관리할 준비가 되어있는 것을 확인했습니다.

그리고 마침내 모든 브리핑을 들으면서 저는 용기를 얻었습니다. 이들 기관의 전문가와 인력으로부터 우리가 물려받을 놀라운 힘에 대해 들으면서, 정말 말 그대로 용기를 얻었습니다.

그들은 일하는 것을 멈춘 적이 없습니다. 늘 그래왔듯, 국민을 안전하게 지키기 위해 매일같이 이 나라에 봉사하고 있습니다. 이 기관들은 정치적 논란거리가 아닌 존경의 대상이 되어야 할 애국자들로 가득 차 있습니다.

그들과 다시 함께 일하게 되어 영광입니다. 모든 국민을 위한 최선의 정책이 만들어지도록, 그들에게 더 많은 조언과 의견을 구할 것입니다.

I want to thank the incredible folks who've served on these agency review teams as part of this transition. They've dedicated their time and energy, their vital experience and expertise to help ensure Vice President Harris and I are ready to hit the ground running.

And we look forward the start of a new year, fresh with hope and possibilities for better days to come, but clear-eyed about the challenges that will not disappear overnight.

Check the Vocabulary

vital experience 중요한 경험 | **expertise** 전문적 지식 | **hit the gound running** 일을 신속하게 시작하다, 순조롭게 출발하다 | **clear-eyed** 현실적인 | **overnight** 하룻밤 사이에

정권이 잘 이양될 수 있도록 훌륭하게 일해주신 기관검토팀에게 감사드립니다. 그들은 해리스 부통령과 제가 순조롭게 출발할 수 있도록 돕기 위해 그들의 시간과 에너지, 또 중요한 경험과 전문지식으로 헌신해주었습니다.

우리는 다가올 날들에 대한 희망과 가능성으로 가득한 새해를 기대하고 있습니다. 하지만 우리가 마주하는 문제들이 현실적으로 하룻밤 사이에 사라지지 않을 것입니다.

I want to reiterate my message to the American people. We've overcome incredible challenge as a nation, and we've done it before and we will do it again. We'll do it by coming together, by uniting after years of pain and loss, a year particularly needed to heal, to rebuild, to reclaim America's place in the world.

This is the work that lies ahead of us and I know we're up to the task. We will champion liberty and democracy once more. We will reclaim our credibility to lead the free world. And we will once again lead, not just by the example of our power, but by the power of our example. God bless you all and may God protect our troops. Thank you.

Check the Vocabulary

reiterate 되풀이하다 | **overcome** 극복해내다 | **pain and loss** 고통과 상실 | **reclaim** 되찾다 | **up to task** 업무를 맡다 | **champion** ..을 위해 싸우다

여러분에게 거듭 말씀드립니다. 미국은 하나의 국가로서 엄청난 도전들을 극복해왔습니다. 앞으로도 그럴 것입니다. 함께 모이고 단합해서 극복해 낼 것입니다. 수년간의 고통과 상실 끝에, 다가올 한 해 동안 미국을 치유하고 재건하면서, 세계 속 미국의 위치를 되찾을 것입니다.

이것이 우리 앞에 놓여진 과제입니다. 우리에게 그 과제가 맡겨졌습니다. 우리는 다시 한번 자유와 민주주의를 위해 싸울 것입니다. 자유세계를 이끌기 위해 우리의 신뢰를 되찾을 것입니다. 다시 한번, 힘이 아닌 모범의 본보기로서 세계를 이끌 것입니다. 신이 미국을 축복하고 신이 우리 군대를 보호하시기를 바랍니다. 감사합니다.

SPEECH

29

Joe Biden Introduces Picks for Climate & Energy Team(1)

조 바이든 대통령 당선자 기후&에너지 팀 소개(1)

2020년 12월 19일. 월밍턴 델라웨어주 월밍턴

다양한 인종과 성별의 미국다운 내각

마지막 연설은 바이든 대통령 당선자가 기후&에너지팀을 소개하는 연설이다. 정책보다 당선자가 내각 구성원 한 명 한 명을 소개하는 내용을 담았다. 어떤 경력과 전문지식이 있으며 어떤 강점을 갖는지, 또, 자신과의 관계가 어떠한지 구체적으로 소개하는 부분이 인상적이다. 내각을 소개하는 연설인 만큼, 다른 연설들보다 부드럽고 친밀한 분위기 속에서 진행되고 있다. 바이든 대통령 당선인의 유머도 중간중간 엿볼 수 있다.

29-01

Let me begin by saying good afternoon. Today I'm pleased to announce a team that will lead my administration's ambitious plan to address the existential threat of our time, climate change. Excuse me. Like their fellow Cabinet nominees and appointees, members of our environmental and energy team are brilliant. They're qualified, tested, and they are barrier-busting.

Today, the announcement we will make is the sixth of African-American members of our Cabinet, which is a record. After today, our Cabinet won't just have one or two precedent-breaking appointments, but 12, including today's long overdue appointment of the first Native American Cabinet Secretary. And welcome. Welcome. Welcome. Thanks for being willing to do this.

Already, there are more people of color in our Cabinet than any Cabinet ever, more women than ever. The Biden-Harris Cabinet, it will be historic, a Cabinet that looks like America, that taps into the best of America, that opens doors and includes the full range of talents we have in this nation. And like the rest of the team, today's nominees are ready on day one, which is essential because we literally have no time to waste.

Check the Vocabulary

Cabinet nominee 내각 지명자 | **qualified** 자격을 갖춘 | **tested** 검증받은 | **barrier-busting** 장벽을 깬 | **precedent-breaking** 전례 없는 | **appointment** 지명 | **long overdue** 진작에 행해졌어

좋은 오후입니다 여러분. 오늘, 기후변화의 실존적 위협에 대처하는 정부의 야심 찬 계획을 이끌어갈 팀을 발표하게 되어 기쁩니다. 다른 내각 지명자들처럼, 우리의 환경 및 에너지 팀 또한 훌륭한 구성원들로 이뤄져 있습니다. 충분한 자격을 갖췄고 검증받았으며 기존의 장벽을 깬 사람들입니다.

오늘 우리 내각의 여섯 번째 아프리카계 미국인을 소개해드리려고 합니다. 기록적인 인사입니다. 오늘 이후로 우리 내각은 한두 명이 아니라 진작에 지명되었어야 했던 첫 번째 원주민계 각료를 포함해 12명의 전례 없는 지명을 수행할 것입니다. 우리와 함께 일하기로 약속한 여러분(지명자들)을 진심으로 환영합니다.

우리 내각은 그 어느 내각 때보다 많은 유색인종과 여성들로 구성되어 있습니다. 바이든-해리스 내각은 역사에 남을만한 내각이 될 것입니다. 또, 다양한 사람들에게 기회의 문을 여는 미국처럼 다양한 인종과 성별로 구성된 최고의 구성원들로 구성된 내각이 될 것입니다. 내각의 다른 구성원들과 마찬가지로, 오늘 지명된 이들도 첫날부터 일할 준비가 되어있습니다. 말 그대로 낭비할 시간이 없기 때문입니다.

29-02

For the Secretary of the Interior, I nominate Congresswoman Deb Haaland. She's of the Pueblo people, only 35 generations in New Mexico, and she's from a military family. Her mom, also Pueblo, served in the United States Navy. Her dad, a Norwegian American and Marine, now buried in Arlington.

A single mom, she raised her child while running a small business. When times were tough, they relied on food stamps. Congresswoman Haaland graduated from law school and then got involved in politics, public life.

Two years ago, she became one of the first Native American women to serve in the United States Congress. She serves on the Armed Service Committee and the Committee on Natural Resources and chairs the subcommittee on National Parks, Forests, and Public Lands, which I have an incredibly sincere interest in, where she learned, she learned and she earned the respect of a broad coalition of people from tribal leaders to environmental groups to labor. As the first Native American Cabinet Secretary in the history of United States of America, she'll be a true steward of our national parks, our natural resources, and all of our lands.

The federal government has long broken promises to Native American tribes, who've been on this land since time immemorial. With her appointment, Congresswoman Haaland will help me strengthen the nation-to-nation relationship, and I'm honored to accept ... She's been willing when I called her to accept this critical role. Again, Deb, thank you for doing this.

Check the Vocabulary

Secretary of the Interior 내무부 장관 | **run a small business** 작은 사업체를 운영하다 |
public life 공직생활 | **National Park** 국립 공원 | **Public Land** 공유지 | **incredibly** 엄청나게 |

내무부 장관으로 뎁 할랜드 하원의원을 지명합니다. 뉴멕시코에 사는 35세대 밖에 되지 않는 푸에블로족 출신입니다. (번역가주- 미국에서 굉장히 오래된 세대에 속하는 것을 두고 바이든이 농담을 던진 것) 그녀는 군인 가족 출신입니다. 그녀의 어머니 역시 푸에블로족이고 미 해군에서 복무했습니다. 그녀의 아버지는 노르웨이계 미국인 해병대원으로 현재 알링턴에 묻혀있습니다.

싱글맘인 그녀는 작은 사업체를 운영하면서 아이를 키웠습니다. 힘들었던 시기에는 푸드스탬프(저소득층 식비지원제도)에 의존했습니다. 로스쿨을 졸업한 뒤, 그녀(할랜드 하원의원)는 정치와 공직생활에 참여했습니다.

2년 전, 그녀는 미국 의회를 위해 일한 최초의 미국 원주민 여성 중 한 명이 되었습니다. 그녀는 미국 의회의 군사위원회(Armed Service Committee)와 천연자원위원회(Committee on Natural Resources)에서 활동하면서 국립공원·산림·공유지 분과위원장을 맡고 있습니다. 제가 엄청난 관심을 쏟는 분야이기도 하죠. 위원회에서 배우면서, 그녀는 부족 지도자와 환경 단체와 노조까지 폭넓은 존경을 받았습니다. 미국 역사상 최초의 원주민 각료로서, 그녀는 우리의 국립공원, 천연자원, 그리고 우리 땅의 진정한 관리인이 될 것입니다.

연방 정부는 옛날부터 이 땅에서 살아온 미국 원주민 부족에 대한 약속을 오랫동안 어겨왔습니다. (번역가주- 원주민들이 영토 보호 등으로 송유관 건설을 반대해온 사례를 들 수 있음. 트럼프 행정부에서 건설을 승인하였으나 바이든 행정부에서 승인을 중단함) 할랜드 하원의원은 국가 간의 관계를 강화하는데 도움이 될 것입니다. (번역가주- 원주민 부족을 바이든 대통령 당선자가 '국가(nation)'로 칭함) 이 중대한 역할을 전화로 요청했을 때 그녀는 기꺼이 수락해 주었습니다. 뎁, 다시 한번 고마워요.

For Secretary of Energy, I nominate Governor Jennifer Granholm, first woman … Where is Jennifer? Back there. She's a great friend as well … first woman ever to serve as governor of Michigan.

In 2009, she faced the collapse of the defining industry of her state and our nation, but I saw firsthand how she responded. She bet on the auto workers. She bet on the promise of a clean energy future. Her leadership helped rescue the automobile industry in the United States of America, helped save a million American jobs. It helped bring Detroit back.

Governor Granholm is just like the state she's led so efficiently and effectively for eight years, hard-working, resilient, and forward-thinking, someone not only capable of solving urgent problems, but someone who sees the opportunities of the future, and always, always with her eyes on the needs and aspirations of working people. We've become friends over time together throughout her career.

She's worked with states, cities, business, and labor to promote clean energy future with new jobs, new industry, cleaner and more affordable energy. Now I am asking her to bring that vision and faith in America to the Department of Energy. Thank you for being willing to do it, Jennifer. I appreciate it a bunch.

Check the Vocabulary

Governor 주지사 | **collapse** 붕괴 | **firsthand** 직접의 | **hard-working** 근면성실한 | **resilient** 원기를 잘 회복하는 | **forward-thinking** 미래를 대비하는 | **aspiration** 열망 | **promote** 진전시키다

에너지부 장관 후보자로는 제니퍼 그란홀름 주지사를 지명합니다. 제니퍼 어디 있나요? 저기 뒤에 있군요. 훌륭한 친구입니다... 그녀는 미시간 주지사를 지낸 최초의 여성입니다.

2009년 미시간주와 이 나라 산업이 붕괴되었을 때 저는 직접 그녀가 어떻게 대처하는지 보았습니다. 그녀는 자동차 산업 노동자들을 도왔습니다. 청정에너지의 미래를 약속했습니다. 그녀의 리더십은 미국 자동차 산업을 구하고 백만 명의 일자리를 지켜냈습니다. 그 결과, 디트로이트가 다시 회복할 수 있었습니다.

그란홀름 주지사는 그녀가 8년 동안 효율적으로 이끌었던 (미시간) 주처럼, 근면성실하고 회복력이 강하며 미래를 대비하는 사람입니다. 그녀는 긴급한 문제를 해결해 낼 뿐 아니라, 미래의 기회를 볼 줄 압니다. 그리고 항상 노동자들이 무엇을 필요로 하고 무엇을 진정으로 원하는지를 눈여겨보는 그런 사람입니다. 그녀가 공직에 있는 동안 우리는 점점 친구가 되었습니다.

그녀는 주, 도시, 기업, 노동자들과 협력하면서, 새로운 일자리, 새로운 산업과 깨끗하고 저렴한 청정에너지의 미래를 진전시켜 왔습니다. 이제 저는 그녀가 미국의 비전과 믿음을 에너지 분야에 쏟을 것을 요청합니다. 기꺼이 맡아줘서 고마워요, 제니퍼. 정말 고맙게 생각해요.

For Administrator of the Environmental Protection Agency, I nominate Michael Regan. Michael is a proud son of North Carolina. He turned a passion for exploring the woods and waters and Inner Coastal Plain into a deep expertise in environmental science. He got his start at the EPA serving and with both Democrat and Republican administrations, working in everything from reducing air pollution to improving energy efficiency. He currently serves as Secretary of North Carolina's Department of Environmental Quality.

When the governor told me how wonderful he was, I don't think he expected that I was going to try to steal him, but Governor, thank you very much for putting up with me. But in Environmental Quality, he's brought to the people across the public and private and nonprofit sectors to help build new clean energy economy, creating quality jobs and confronting climate change.

Check the Vocabulary

turn into 바뀌다 | **passion for exploring** 탐험에 대한 열정 | **deep expertise** 깊은 전문지식 |
put up with 감수하다 | **nonprofit sector** 비영리 부문 | **quality job** 양질의 일자리

저는 또, 환경보호국(Environmental Protection Agency · EPA) 수장으로 마이클 리건을 지명합니다. 마이클은 노스캐롤라이나주의 자랑스러운 아들입니다. 그는 숲과 바다, 내해안평야 탐험에 대한 열정을 환경 과학에 대한 깊은 전문지식으로 바꿨습니다. 환경보호국에서 경력을 시작하였고, 민주당 및 공화당 행정부와 함께 대기오염감소에서 에너지 효율성 향상에 이르기까지 모든 일을 하였습니다. 현재는 노스캐롤라이나주에서 환경품질부(Department of Environmental Quality) 장관으로 근무하고 있습니다.

(노스캐롤라이나) 주지사는 제게 그가 얼마나 훌륭한지 이야기했습니다. 제가 그를 데려갈 것이라고는 차마 생각하지 못했을 것입니다. 주지사, 그를 양보해줘서 정말 고마워요. 그는 환경품질분야의 공공과 민간 부문, 비영리 부문에 걸쳐 새로운 청정 에너지를 구축함으로써, 양질의 일자리를 창출하는 한편, 기후변화에 대응했습니다.

29-05

He led the charge to clean up the Cape Fear River, contaminated for years by dangerous toxic chemicals. He created North Carolina's first board of its kind to address environmental justice and equality and equity.

It helps lift up frontline and fenceline communities. They're those communities that live along ... that literally have fences separating them from the plants that are polluting, chemical and other plants that are polluting ... helps lift up those frontline and fenceline communities who carried the burdens of industrial progress for much too long without sharing in any of the benefits.

Michael would be the second African-American official and the first African-American man to serve in this position. He shares my belief in forming consensus and finding common purpose. He's a leader who will respect the EPA's place as the world's premier environmental protection agency and reassert that as the world premier agency that safeguards our entire planet, protects our lives, and strengthens our economy for all Americans.

Check the Vocabulary

contaminate 오염되게 하다 | **toxic chemicals** 유독성 화학물질 | **board** 위원회 | **lift up** 도움을 주다, 지원하다 | **fence** 울타리 | **carry** 짊어지다 | **burden of industrial progress** 산업 발전의 짐

마이클은 위험한 독성 화학물질에 의해 수년간 오염된 케이프피어강을 책임지고 정화하였습니다. 또한 환경 정의(justice)와 평등과 형평성을 다루는 위원회를 노스캐롤라이나 최초로 만들었습니다.

그의 노력 덕분에, 오염을 유발하는 공장과 화학물질을 말 그대로 울타리 사이에 두고 거주하던 최전선 커뮤니티와 울타리 커뮤니티가 도움을 받았습니다. 산업발전의 짐을 오랫동안, 어떤 혜택도 없이 짊어지고 있었던 커뮤니티였습니다.

마이클은 두 번째 아프리카계 미국인 관리이자, 이 직위에서는 첫 번째 아프리카계 미국인이 될 것입니다. 그도 제가 가진 신념처럼 합의를 형성하고 공통의 목적을 찾는 것을 중요하게 생각합니다. 그는 환경보호청(EPA)을 세계 최고의 환경보호기관으로 존중할 것입니다. 또한, 환경보호청(EPA)을 지구와 우리의 삶을 보호하고 우리 경제를 튼튼히 하는 세계 최고의 기관으로 명확히 이끌 것입니다.

Check the Vocabulary

| **safeguard** 보호하다

SPEECH

30

Joe Biden Introduces Picks
for Climate & Energy Team(2)

조 바이든 대통령 당선자 기후&에너지 팀 소개(2)

2020년 12월 19일, 윌밍턴 델라웨어주 윌밍턴

지명자에게 조크를 던지는 대통령 당선인

계속해서 환경&에너지팀에 지명된 구성원을 소개하는 장이다. 바이든 대통령 당선자
의 조크에 뒤에 있던 지명자들이 웃음을 터트리는 모습이 인상적이다. 그들의 경력과
일하는 성격, 그들에게 맡기는 임무에 대해 언급하고 있다.

30-01

And to chair the Council on Environmental Quality, I nominate Brenda Mallory, an accomplished public servant, brilliant environmental lawyer, daughter of a working class family who has dedicated her life to solving the most complex environmental challenges facing America. She's served in both Democratic and Republican administrations, helping safeguard our public lands, helping communities manage the natural resources responsibilities.

Chairman of the CEO, Council of Economic^(번역가주-Environmental인데 잘못 발음함) Quality, I'm asking her to coordinate our environmental efforts across the entire federal government to solve some of the most persistent environmental problems America faces today. Brenda would be the first African-American official to hold this critical position. We are fortunate that one of the most widely respected environmental leaders in the country accepted the call to serve again. Thank you. Thank you, thank you, thank you.

Check the Vocabulary

accomplished 기량이 뛰어난 | public servant 공무원 | natural resource 천연자원 |
persistent 끈질긴 | fortunate 행운의

환경품질위원회(CEQ) 의장으로는 브렌다 말로리를 지명합니다. 뛰어난 공무원이자 훌륭한 환경변호사입니다. 미국이 직면한 가장 복잡한 환경문제를 해결하는 데 평생을 바친 노동가정의 딸이기도 합니다. 현재 민주당과 공화당 행정부에서 봉사하면서 공유지를 보호하는 한편, 천연자원에 관한 책임을 지역사회가 관리하도록 돕고 있습니다.

저는 그녀에게 환경품질위원회 의장으로서, 연방정부 차원의 노력을 조율하여 미국의 끈질긴 환경문제를 해결해주기를 요청하고 있습니다. 브렌다는 이 중요한 직책을 맡는 최초의 아프리카계 미국인 관리가 될 것입니다. 미국에서 가장 널리 존경받는 환경 지도자 중 한 명이 다시 국가의 부름을 받아들여 행운으로 생각합니다. 고마워요. 정말 고마워요.

30-02

To serve as the first ever national climate advisor. By the way, when we were in the back, we were talking about the environment, and I turned and said that this particular person's forgotten more about the environment than most people know.

I wasn't sure she was going to do it, but the first ever national climate advisor to lead the newly formed White House Office of Domestic Policy, I'm appointing Gina McCarthy.

Gina was the former EPA administrator. In this role she led the office. It shows how serious I am to ask her to come back, and it shows how committed she is to be willing to come back.

Gina has got more than 20 years of experience, and she's a policy wonk and a people person, a problem solver, and a coalition builder.

As EPA administrator, she was instrumental in carrying out the Obama-Biden climate action plan, reducing greenhouse gas emissions, getting toxins out of the air we breathe, conserving critical water sources. She led our effort to help lower carbon emissions of existing power plants and power plants in the future. and by doing the necessary work here at home, she helped us rally the world around the Paris Climate Accords.

Check the Vocabulary

---

forgotten more about the environment than most people know 환경에 대해 너무 많이 알아서 지식을 잊어버릴 때가 있다, 즉 환경에 대해 잘 아는 전문가라는 뜻. | **advisor** 고문 |

최초의 국가기후고문으로 활동하기 위해서.. (문장을 다시 시작함) 그건 그렇고 우리가 무대 뒤에 있을 때 환경에 대해 이야기했는데 말입니다. 저는 돌아서서 말했습니다. 이 사람이 정말 환경에 대해 잘 아는 전문가라고요. (번역가주- 아래 소개할 지나 매카시를 의미함)

그녀가 역할을 맡을지 확신 할 수 없었습니다. 새로 결성된 백악관 국내 정책실 (White House Office of Domestic Policy)을 이끄는 최초의 국가기후고문으로 지나 매카시를 임명합니다.

지나는 전 환경보호국(EPA) 국장이었습니다. 제가 그녀에게 다시 돌아오라고 얼마나 진지하게 부탁했고 그녀 또한 얼마나 헌신적인 마음으로 되돌아온 것인지 아시겠죠.

지나는 20년 이상의 경력자이고 정책통이었습니다. 사람을 좋아하고 문제 해결에 유능하며, 연합을 잘 구축해냅니다.

그녀는 환경보호국(EPA) 국장으로서, 오바마-바이든 행정부가 기후행동계획을 펼칠 때 중요한 역할을 했습니다. 온실가스 배출을 줄였고, 우리가 숨 쉬는 공기의 독소를 제거했으며 중요한 수원을 보존했습니다. 또한 현존하는 발전소 및 미래 발전소의 탄소 배출량을 낮추는 정책을 주도했습니다. 우리가 파리기후협정에 세계 국가들을 모을 때 국내에서 이를 돕기도 했습니다.

Check the Vocabulary

administrator 국장 | **policy wonk** 정책통 | **people person** 사교적인 사람 | **rally** 불러 모으다

Today, I'm asking her to take a singular focus on carrying out the ambitious climate agenda here at home and working with my special envoy, former secretary of state John Kerry, who leads our climate effort around the world. I'm grateful that she agreed to do it. I'm looking forward to working alongside her again. I used to drive her crazy when I was vice president, always calling, (laugh) asking all these questions, and she's thinking, "My god, what's he going to do as president? (laugh)

carry out 수행하다 | **at home** 국내에서 | **alongside** ..와 나란히 | **drive someone crazy** ...를 미치게 하다

오늘 저는 그녀에게 국내에서 우리의 야심 찬 기후 아젠다를 수행하는 동시에, 전 세계 기후대응을 이끄는 존 케리 전 국무장관과 협력할 것을 요청합니다. 그녀가 동의해줘서 감사합니다. 다시 같이 일하게 되어 무척 기대됩니다. 제가 부통령이었을 때 항상 전화해 이것저것 질문하면서 그녀를 매우 바쁘게 만들고는 했죠. (웃음) 이렇게 생각했을 겁니다. "와, 대통령이 되면 나를 얼마나 더 바쁘게 만들 거야?" (웃음)

To serve as our national climate advisor, I appoint Ali Zandi … Zaidi, excuse me. Ali, you can call me Bidden. If I mispronounced your last name. I apologize.

He served as a top climate advisor to president Obama and me in the office with managing the budget and the domestic policy council. He helped draft and implement our climate action plan and secure the Paris Climate Agreement.

He currently serves as New York deputy secretary of energy and environment and the state's chairman of climate policy and finance. He's helping to create jobs generating solar and wind power, jobs building electric charging stations, and a more modern grid of bold climate action grounded in science, economic and public health.

He's an immigrant from Pakistan who grew up in the rust belt outside of Erie, Pennsylvania. I was from the better part of the state in Northeast, you know, Scranton and Pittsburgh area, you know.

But all kidding aside, he knows we can beat climate crisis and we can do it with jobs. He knows we can deliver environmental justice and revitalize communities as well, too often overlooked and forgotten, and every day, he'll walk into the White House knowing the world is looking for America to lead.

Check the Vocabulary

mispronounce 잘못 발음하다 | **domestic policy council** 국내 정책 협의회 | **draft** 입안하다 | **implement** 이행하다 | **bold** 과감한 | **beat** 통제하다 | **revitalize** 활성화시키다 | **overlook** 간과하

다음으로, 국가기후고문직에 알리 잔디를 지명합니다… 자이디군요. 미안합니다. 알리, 절 비든이라고 불러도 됩니다. (번역가주- 바이든을 비튼으로 부르라고 농담함) 성을 잘못 발음했다면 미안하군요.

그는 예산과 국내 정책 협의회를 관리하는 데 있어 오바마 전 대통령과 저에게 최고의 기후고문이었습니다. 그는 우리가 기후행동계획을 입안 및 이행하고 파리기후협정을 확보하도록 도왔습니다.

현재는 뉴욕주 에너지환경부 부장관직과 주의 기후정책 및 금융 의장직을 맡아, 태양열 및 풍력을 생산하는 일자리와 전기충전소를 짓는 일자리의 창출을 돕고 있습니다. 또, 과학·경제·공중보건에 기반을 둔 과감한 기후행동의 보다 현대적인 전력망을 만들고 있습니다.

그는 파키스탄에서 온 이민자로 펜실베니아 이리 외곽의 러스트 벨트(rust belt · 북부 공업지대)에서 자랐습니다. 저는 북동부에서 더 나은 지역인 스크랜턴과 피츠버그에서 자랐고요.

농담이고요. 그는 우리가 기후 위기를 일자리 창출로 통제할 수 있다는 것을 알고 있습니다. 우리가 너무나 자주 간과하고 잊어온 환경 정의(justice)를 실현함으로써, 지역사회를 활성화할 수 있다는 것도 알고 있습니다. 매일, 그는 미국의 리더십을 기대하는 세계를 생각하면서 백악관으로 출근할 것입니다.

다

I say to each one of you, thank you for answering the call, and thank you to your families. We could not do this without them. We couldn't do it without you.

To the career civil servants at the agencies, I know many of you have felt forgotten for a long time. We look forward to working with you, to once again carrying out your department's mission and honoring the integrity of the offices in the organization you're involved with.

And to the American people, yes, the goals I've laid out are bold, the challenges ahead are daunting, but I want you to know that we can do this. We must do this, and we will do this. We are America.

There's nothing we can't do when we do it together. So I say again to all of you, God bless you all, may God protect our troops, and now I'm going to turn this to the team, starting with our next Secretary of the Interior, congresswomen Deb Haaland. Deb, the floor is yours once they clean off ...

Check the Vocabulary

career civil servant 직업 공무원 | **integrity** 진실성 | **daunting** 벅찬

저의 요청에 응답해준 우리 팀과 팀의 가족들에게 감사드립니다. 여러분이 아니었으면 이 일을 해낼 수 없었을 것입니다.

기관의 직업 공무원 여러분께 말씀드립니다. 많은 분들이 오랫동안 자기가 잊혀져왔다고 느끼는 것을 알고 있습니다. 그러나 우리는 여러분과 일하는 것을 기대하고 있습니다. 여러분이 다시 한 번, 부서의 미션을 수행하고 조직의 진실성을 지킬 것으로 기대합니다.

국민여러분, 맞습니다. 제가 제시한 목표는 과감하고, 앞으로의 도전은 만만치 않습니다. 하지만 우리가 해낼 수 있다는 것을 알아주셨으면 합니다. 우리는 이것을 해내야만 하고 해낼 수 있습니다. 미국이기 때문입니다.

우리가 함께할 때 해내지 못할 일은 없습니다. 다시 한번 모두에게 말씀드립니다. 여러분 모두에게 신의 가호가 있기를, 신이 우리 군대를 보호해주시기를 바랍니다. 이제 저의 팀이 발언하겠습니다. 먼저 내무부 장관인 뎁 할랜드가 인사드리겠습니다.

30일만에 끝내는 즉석 영단어 3000

오규상 저 | 국반판 | 496쪽
8,900원(mp3 파일용 CD 제공)

30일 만에 끝내는 즉석 영숙어 900

오규상 저 | 국반판 | 464쪽
8,900원(mp3 파일용 CD 제공)

왕초보 영어 단어장
WCB English Word Master

서지위, 장현애 저 | 148*210mm | 252쪽
14,000원(mp3 파일 무료 제공)

정말 쉬운 영문법 스타트 32

프랭크 쌤 류의열 저 | 188*258mm | 392쪽
16,500원(mp3 파일 무료 제공)

프리토킹 영어회화 완전정복

이원준 엮음 | 170*233mm | 448쪽
18,000원(mp3 파일 무료 제공)

왕초보 영어 회화 급상승

배현 저 | 148*210mm | 328쪽
13,000원 (본문 mp3 파일 포함)

일상생활 유창한 영어회화 450

이원준 엮음 | 128*188mm | 452쪽
14,000원(mp3 파일 무료 제공)

탁상용 1일 5분 영어 완전정복

이원준 엮음 | 140*128mm | 368쪽
14,000원(mp3 파일 무료 제공)

바로바로 영어 독학 첫걸음

이민정 엮음 | 148*210mm | 420쪽
15,000원(mp3 CD 포함)

바로바로 영어 독학 단어장

이민정, 장현애 저 | 128*188mm | 324쪽
14,000원(mp3 파일 무료 제공)

초급 Junior Voca 3000

이흥배 저 | 188*258mm | 300쪽
12,000원

중급 College Voca 5000

이흥배 저 | 188*258mm | 496쪽
14,000원

고급 최상위 Voca 2400

최예름 저 | 188*258mm | 304쪽
14,000원(mp3 파일 무료 제공)